使いやすい！教えやすい！家庭学習に最適の問題集！

広島県版 国立小学校

広島大学附属小学校・広島大学附属東雲小学校

2020～2021年度過去問題を掲載　2018～2021年度過去問題を掲載

2022 年度版

過去問題集

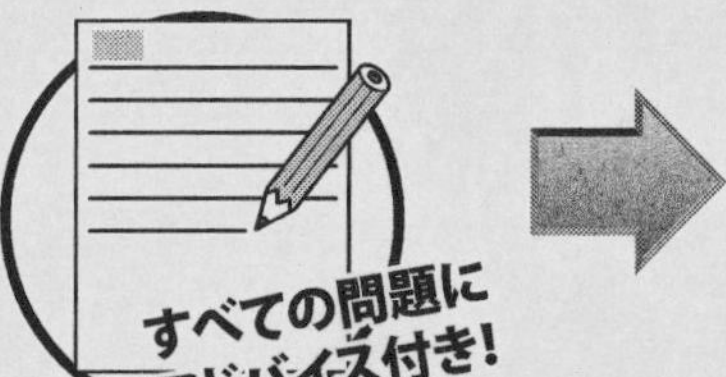

<問題集の効果的な使い方>

①お子さまの学習を始める前に、まずは保護者の方が「入試問題」の傾向や難しさを確認・把握します。その際、すべての「学習のポイント」にも目を通しましょう。

②入試に必要なさまざまな分野学習を先に行い、基礎学力を養ってください。

③学力の定着が窺えたら「過去問題」にチャレンジ！

④お子さまの得意・苦手が分かったら、さらに分野学習をすすめレベルアップを図りましょう！

必ずおさえたい問題集

広島大学附属小学校

お話の記憶	お話の記憶問題集 初級編・中級編
図形	Ｊｒ・ウォッチャー 54「図形の構成」
数量	Ｊｒ・ウォッチャー 42「一対多の対応」
推理	Ｊｒ・ウォッチャー 32「ブラックボックス」
常識	Ｊｒ・ウォッチャー 27「理科」、55「理科②」

広島大学附属東雲小学校

お話の記憶	１話５分の読み聞かせお話集①・②
常識	Ｊｒ・ウォッチャー 25「生活巧緻性」
行動観察	Ｊｒ・ウォッチャー 29「行動観察」
行動観察	Ｊｒ・ウォッチャー 30「生活習慣」
運動	新運動テスト問題集

●資料提供●

東京学習社

ISBN978-4-7761-5396-2

C6037 ¥2500E

9784776153962

定価 2,750 円

(本体 2,500 円 + 税 10%)

1926037025009

日本学習図書 ニチガク

家庭学習ガイド
広島大学附属小学校

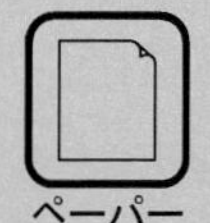

入試情報

出題形態：ペーパー、ノンペーパー
面　　接：なし
出題領域：ペーパーテスト（お話の記憶、図形、数量、推理、常識）、巧緻性、口頭試問、行動観察、運動

受験にあたって

2021年度の試験は感染症対策をしながらの実施でしたが、内容的に大きな変化はなく、ペーパーテストはさまざまな分野から幅広く基礎問題が出題されるという従来の形でした。**お話の記憶**は、お話は短いですが、少し捻った切り口の質問が多くケアレスミスに注意が必要でしょう。お話だけなく、質問の意図をきちんと把握してから答えるようにしてください。もちろん、読み聞かせなどで、お話を聞く力を養うことも大切です。**図形・数量の分野**は出題範囲が広いので、幅広く基礎問題を学習し、対応できるようにしておきましょう。頻繁にというわけではありませんが、傾向が変わるので「ヤマを張る」ことはできません。またほかに頻出の**常識分野**の問題対策としては、外出時に、風景の中からさまざまなものを取り上げ、「それはどういうもので、何のためにあるのか」といったことを会話の中でお子さまに伝えるようにしましょう。そうすることで年齢なりの常識が身に付くだけでなく、親子間のコミュニケーションも充実するはずです。当校の試験では、学力と言うよりは全体を通して、年齢相応に生活力を身に付けていることがポイントになります。ペーパーと体験学習を上手に併用し、お子さまの小さな発見や疑問を大切にするコミュニケーションを多く持つことも大切です。

また、面接というほどではありませんが、簡単な**口頭試問**があります。本年度も10人程度のグループで行われました。機会を設けるのは難しいかもしれませんが、人前で話す練習もしておいた方がよいでしょう。

家庭学習ガイド
広島大学附属東雲小学校

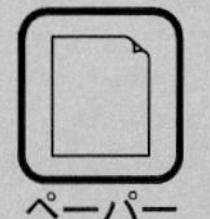

入試情報

出題形態：ペーパー、ノンペーパー
面　　接：なし
出題領域：ペーパーテスト（お話の記憶）、巧緻性、口頭試問、行動観察、運動

受験にあたって

2021年度の試験は、感染対策を講じて行われましたが内容的にはここ数年と同様、大きな変化はありませんでした。当校入試のペーパーテストは、**お話の記憶**のみの出題となっています。お話は単純で短いものですが、出題形式に特徴があるので、過去問などを通じてしっかりと対策しておきましょう。**行動観察**では、例年、片付け、箸使い、風呂敷包みといった課題が出題されるのですが、今年は1人でのダンスという形になりました。本来は生活の中でよく目にする作業が課題となることが多いので、お子さまにふだんからそういった作業をさせておきましょう。

そのほかの出題においても、日常生活が基本となっている課題が多く見られます。お手伝いや遊びなど、日常生活を通して指示行動を実践する機会を持ちましょう。また、できた時はたくさん褒め、自信を持って取り組めるようにしてください。「楽しくできた」という気持ちをお子さまが持ちながら、さまざまなことを身に付けさせてあげることが重要です。日々の生活の中に、お子さまの能力を伸ばすチャンスはたくさんあるので、ふだんの言葉かけなどを意識するよう心がけてください。親子の対話を通して、情操を育んでいくことが大切になってきます。

広島県版
国立小学校

過去問題集

〈はじめに〉

現在、少子化が叫ばれているにもかかわらず、私立・国立小学校の入学試験には一定の応募者があります。入試は、ただやみくもに学習するだけでは成果を得ることはできません。志望校の過去における出題傾向を研究・把握した上で、練習を進めていくこと、その上で試験までに志願者の不得意分野を克服していくことが必須条件です。そこで、本問題集は小学校を受験される方々に、志望校の出題傾向をより詳しく知って頂くために、過去に遡り出題頻度の高い問題を結集いたしました。最新のデータを含む精選された過去問題集で実力をお付けください。

〈本書ご使用方法〉

◆出題者は出題前に一度問題を通読し、出題内容などを把握した上で、〈準備〉の欄に表記してあるものを用意してから始めてください。
◆お子さまに絵の頁を渡し、出題者が問題文を読む形式で出題してください。問題を読んだ後で、絵の頁を渡す問題もありますのでご注意ください。
◆「分野」は、問題の分野を表しています。弊社の問題集の分野に対応していますので、復習の際の目安にお役立てください。
◆一部の描画や工作、常識等の問題については、解答が省略されているものがあります。お子さまの答えが成り立つか、出題者が各自でご判断ください。
◆〈時間〉につきましては、目安とお考えください。
◆解答右端の［○年度］は、問題の出題年度です。［2021年度］は、「2020年度の秋から冬にかけて行われた2021年度入学志望者向けの考査で出題された問題」という意味です。
◆学習のポイントは、指導の際にご参考にしてください。
◆【おすすめ問題集】は各問題の基礎力養成や実力アップにご使用ください。

〈本書ご使用にあたっての注意点〉

◆文中に **この問題の絵は縦に使用してください。** と記載してある問題の絵は縦にしてお使いください。
◆〈準備〉の欄で、クレヨンと表記してある場合は12色程度のものを、画用紙と表記してある場合は白い画用紙をご用意ください。
◆文中に **この問題の絵はありません。** と記載してある問題には絵の頁がありませんので、ご注意ください。なお、問題の絵の右上にある番号が連番でなくても、中央下の頁番号が連番の場合は落丁ではありません。
下記一覧表の●がついている問題は絵がありません。

問題1	問題2	問題3	問題4	問題5	問題6	問題7	問題8	問題9	問題10
問題11	問題12	問題13	問題14	問題15	問題16	問題17	問題18	問題19	問題20
●	●								
問題21	問題22	問題23	問題24	問題25	問題26	問題27	問題28	問題29	問題30
							●		
問題31	問題32	問題33	問題34	問題35	問題36	問題37	問題38	問題39	問題40
	●	●							●
問題41	問題42	問題43	問題44						
		●							

〈広島大学附属小学校〉

◎学習効果を上げるため、前掲の「家庭学習ガイド」をお読みになり、各校が実施する入試の出題傾向をよく把握した上で問題に取り組んでください。
※冒頭の「本書ご使用方法」「本書ご使用にあたっての注意点」も併せてご覧ください。

2021年度の最新問題

問題1　分野：お話の記憶（女子）

〈準備〉　クーピーペン（赤）

〈問題〉　お話をよく聞いて、後の質問に答えてください。
たろう君は、遠くに住んでいるおばあちゃんに手紙を書きました。手紙には、「もうすぐ１年生になるから、いろんなことができるようになったよ。折り紙や、色塗りや、鉄棒が上手になったよ」と書きました。折り紙で、タンポポやバラやチューリップやコスモスを作りましたが、一番上手にできたコスモスの花を手紙に入れました。たろう君は、お母さんに、「もうすぐ１年生だから、自分でポストに入れてくるよ」と言うと、お母さんは切手を貼ってくれて、「車に気を付けていってらっしゃい」と言って、送り出してくれました。たろう君は、はじめに、八百屋さんの前を通って、次に、魚屋さんの前を通ると、魚屋のおじさんが、「１人かい？　信号に気を付けてね」と、声をかけてくれました。それから、ケーキ屋さんの前を通ると、ケーキ屋さんのお姉さんから、「きれいなお手紙を持ってるね」と言われました。たろう君は、「もうちょっとで、パン屋さんだ。確か、あそこにポストがあるから、もう少しだ」と思いました。そうして、パン屋さんの前について、ポストに手紙を入れました。２日後、おばあちゃんからお礼の手紙とプレゼントが届きました。そのプレゼントの中には、タオルハンカチと鉛筆が入っていました。おばあちゃんの手紙には、「いろんなことができるようになったわね。プレゼントは、１年生になったら使ってね」と書いてあり、タオルハンカチには、たろう君の大好きな、体が白と黒で、ササの葉を食べる動物が描いてありました。

（問題１の絵を渡す）
①たろう君ができるようになったことは何ですか。○をつけてください。
②たろう君が手紙に入れた花はどれですか。○をつけてください。
③おばあちゃんからもらったプレゼントはどれですか。○をつけてください。
④タオルハンカチに描かれていた動物はどれですか。○をつけてください。

〈時間〉　各15秒

問題2　分野：お話の記憶（男子）

〈準備〉　クーピーペン（赤）

〈問題〉　お話をよく聞いて、後の質問に答えてください。
たかし君は、優しいお父さんと、美味しいご飯を作ってくれるお母さんの３人家族です。今日の朝ご飯には、イチゴジャムがかかっていて、その上にメロンとバナナが載っているホットケーキを食べました。たかし君は、好きなものを作ってくれたお礼に、「今日は、いっぱいお手伝いをするよ」と、お母さんに言いました。ホットケーキを食べ終えると、まず、たかし君とお母さんは、いっしょにお皿洗いをしました。その後、たかし君は、「次は、何のお手伝いをすればいい？」と、お母さんに聞くと、「スーパーマーケットに、お買い物に行ってちょうだい」と、頼まれました。出掛ける準備をしていると、お父さんの、「おおい。助けて」という声が聞こえてきました。玄関の外まで見に行くと、お父さんが、壁をペンキで塗っていたので、たかし君はお手伝いすることにしました。お父さんから、手伝ってくれたご褒美に、「好きな色で塗っていいよ」と言われたので、たかし君は、「黄色い長細い果物の色で塗りたいな」と言うと、お父さんはその色のペンキを用意してくれ、お父さんが指で指した壁を塗りました。

（問題２の絵を渡す）
①ホットケーキにかかっていたジャムの果物に○をつけてください。
②たかし君がお手伝いをしなかったものに○をつけてください。
③たかし君が好きな色と同じ色のものに○をつけてください。
④朝ご飯で食べたホットケーキに○をつけてください。

〈時間〉　各15秒

問題3　分野：図形（展開）（女子）

〈準備〉　クーピーペン（赤）

〈問題〉　左の四角のように折った紙の点線のところをハサミで切って開きます。正しいものを右の四角から選んで○をつけてください。

〈時間〉　30秒

問題4　分野：図形（図形の構成）（男子）

〈準備〉　クーピーペン（赤）

〈問題〉　左の形を使ってできるものを右から見つけ、線で結んでください。

〈時間〉　各20秒

家庭学習のコツ①　「先輩ママのアドバイス」を読みましょう！

本書冒頭の「先輩ママのアドバイス」には、実際に試験を経験された方の貴重なお話が掲載されています。対策学習への取り組み方だけでなく、試験場の雰囲気や会場での過ごし方、お子さまの健康管理、家庭学習の方法など、さまざまなことがらについてのアドバイスもあります。先輩ママの体験談、アドバイスに学び、ステップアップを図りましょう！

問題5　分野：図形（鏡図形）（男子）

〈準備〉　クーピーペン（赤）

〈問題〉　１番上の四角を見てください。左のスタンプを押すと、右のような形になります。それぞれの段の左の四角に描いてあるスタンプを押すと右の四角のどの形になるでしょう。正しいものに○をつけてください。

〈時間〉　各20秒

問題6　分野：推理（女子）

〈準備〉　クーピーペン（赤）

〈問題〉　左のものが進んだ跡を右側から選んで線で結んでください。

〈時間〉　30秒

問題7　分野：推理（ブラックボックス）（女子）

〈準備〉　クーピーペン（赤）

〈問題〉　１番上の四角を見てください。リンゴ２個をサルの箱に入れると、バナナ１本になります。バナナ１本をゾウの箱に入れると、リンゴ３個になります。
それぞれの段の左の四角のように果物が箱を通ると果物はいくつになりますか。その数だけ右側の四角に○を書いてください。

〈時間〉　各30秒

問題8　分野：常識（生活）（女子）

〈準備〉　クーピーペン（赤）

〈問題〉　水を運べる道具に○をつけてください。

〈時間〉　30秒

問題9　分野：常識（理科）（男子）

〈準備〉　クーピーペン（赤）

〈問題〉　①鳴く虫を選んで○をつけてください。
②飛ぶ虫を選んで○をつけてください。

〈時間〉　30秒

問題10　分野：数量（一対多の対応、同数発見）（女子）

〈準備〉　クーピーペン（赤）

〈問題〉　上の四角のように花と花瓶、敷物をセットにします。真ん中の四角に描いてあるもので、いくつのセットができるでしょう。その数だけ下の四角に○を書いてください。

〈時間〉　30秒

問題11　分野：行動観察（男子・女子）

〈準備〉　なし

〈問題〉　**この問題の絵はありません。**

①「ひげじいさん」（女子）
「トントントントン　ひげじいさん
トントントントン　こぶじいさん　トントントントン　てんぐさん
トントントントン　めがねさん　トントントントン　手は上に
キラキラキラキラ　手はおひざ」
テスターは歌うが、志願者には「声を出してはいけない」との指示がある。
数回続けて行う。

「みんなでグーチョキパーで何作ろう」（男子）
（先生が最初に手本を見せる。「パンパン」と２回手を叩いたら、終わりという指示がある）
「みんなでグーチョキパーで何作ろう♪グーとグーでゴリラ、チョキとチョキでカニ、パーとパーでチョウチョウ」。
テスターは歌うが、志願者には「声を出してはいけない」との指示がある。
数回続けて行う。
※練習はなし。

②じゃんけん（男女共通）
「せーの、１、２の３（手を叩く）でじゃんけんぽん」と見本を見せ先生とじゃんけん。「勝ったら手は頭、あいこは肩に指先をつける、負けたら膝をさわる」「声を出してはいけない」という指示を口頭である。
※練習はなし。

〈時間〉　適宜

家庭学習のコツ②　**「家庭学習ガイド」はママの味方！**

問題演習を始める前に、試験の概要をまとめた「家庭学習ガイド（本書カラーページに掲載）」を読みましょう。「家庭学習ガイド」には、応募者数や試験科目の詳細のほか、学習を進める上で重要な情報が掲載されています。それらの情報で入試の傾向をつかみ、学習の方針を立ててから、対策学習を始めてください。

問題12　分野：口頭試問（男子・女子）

〈準備〉　なし
※この問題は３人グループで行う。

〈問題〉　**この問題の絵はありません。**
（全員が席に着くと、テスターが「おはようございます」もしくは「こんにちは」と全員にあいさつ。質問は１人２問。それぞれの机の横に移動して行う）
①公園で遊ぶ時、好きな遊びは何ですか。
　→それはなぜですか。
②好きなくだもの（野菜、動物、虫）は何ですか。
　→それはどんなものですか。
※グループ内で同じ質問はされない。

〈時間〉　適宜

家庭学習のコツ③　効果的な学習方法～問題集を通読する

過去問題集を始めるにあたり、いきなり問題に取り組んではいませんか？　それでは本書を有効活用しているとは言えません。まず、保護者の方が、すべてを一通り読み、当校の傾向、ポイント、問題のアドバイスを頭に入れてください。そうすることにより、保護者の方の指導力がアップします。また、日常生活のさまざまなことから、保護者の方自身が「作問」することができるようになっていきます。

☆広島大学附属小学校

問題 1

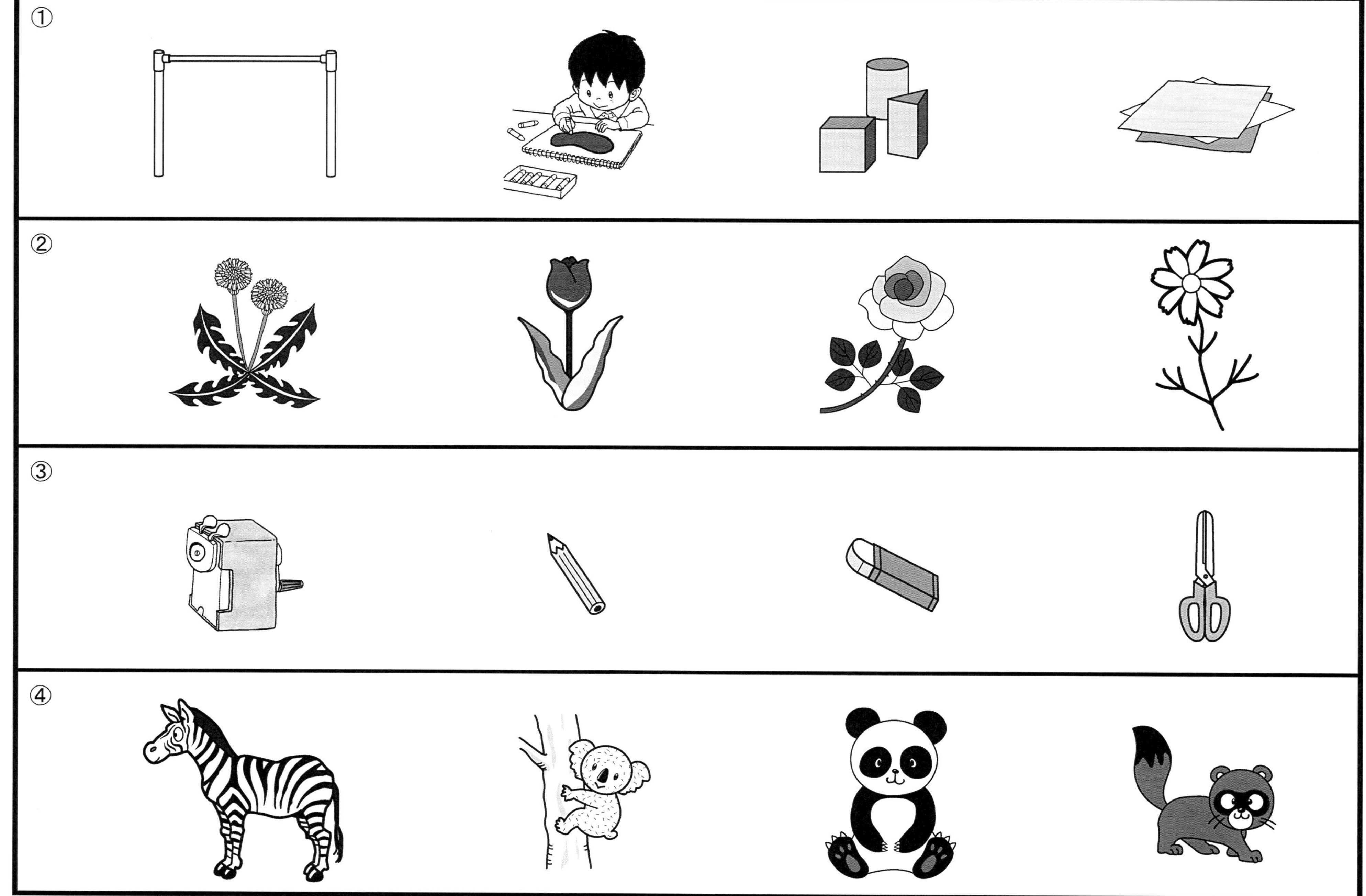

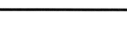

☆広島大学附属小学校

①

②

③

④

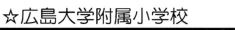

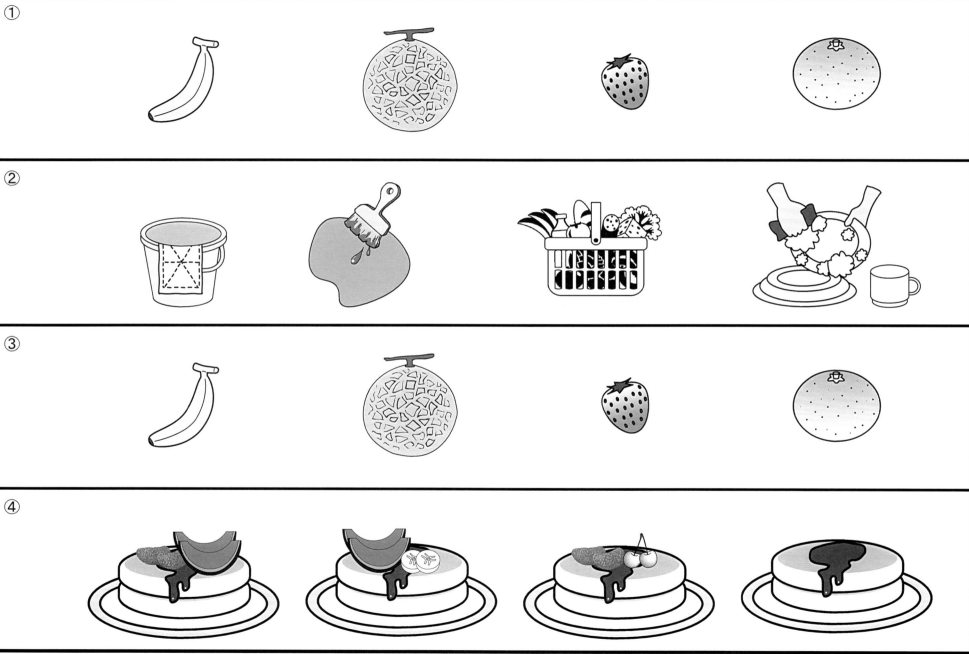

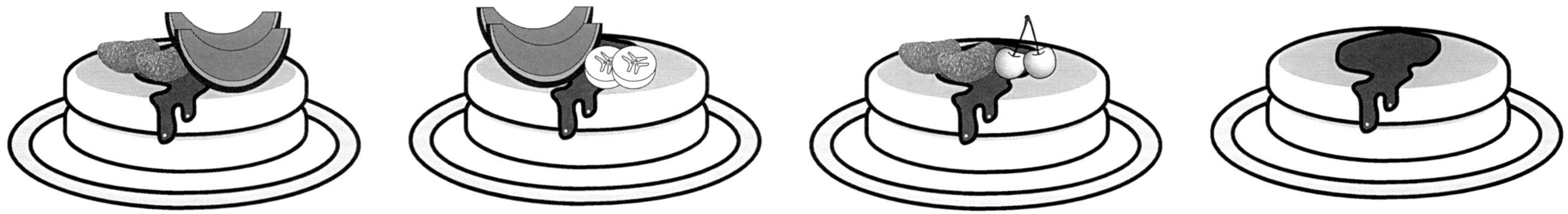

問題3

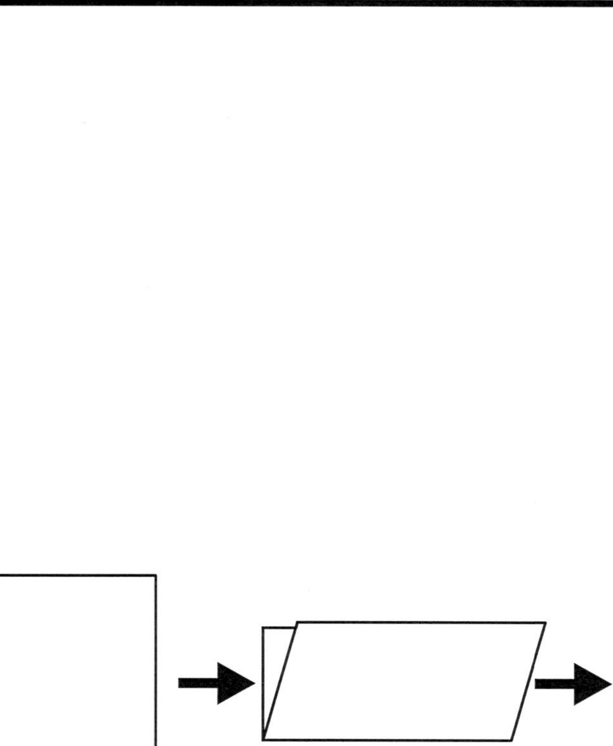

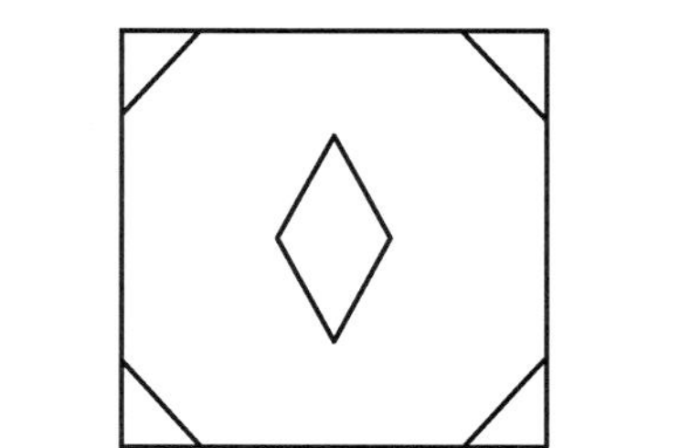

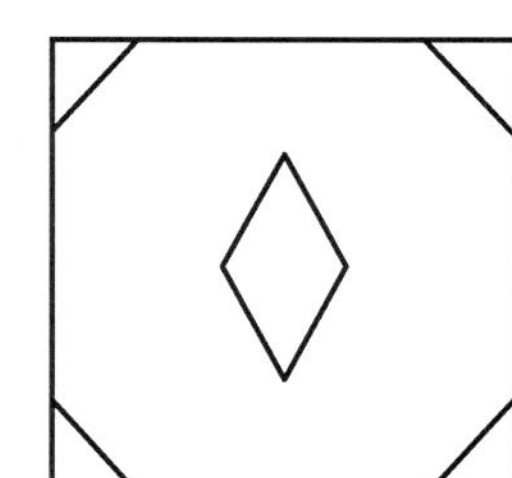

問題4

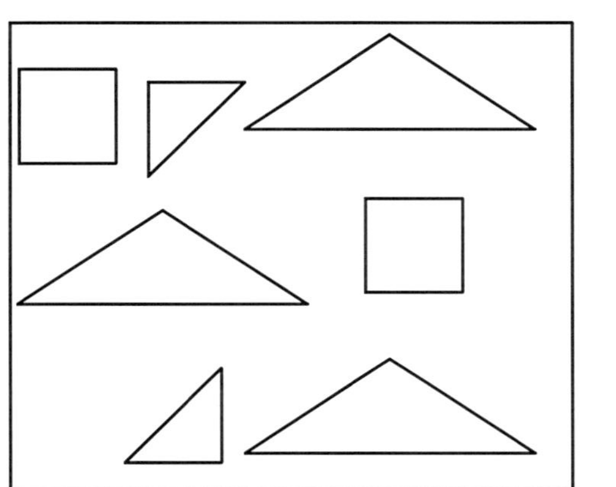

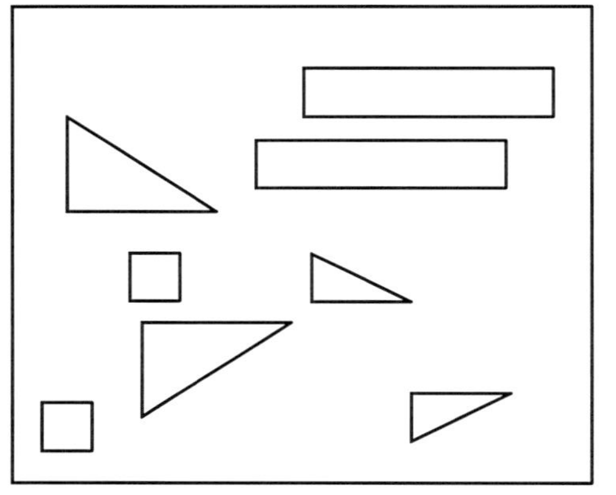

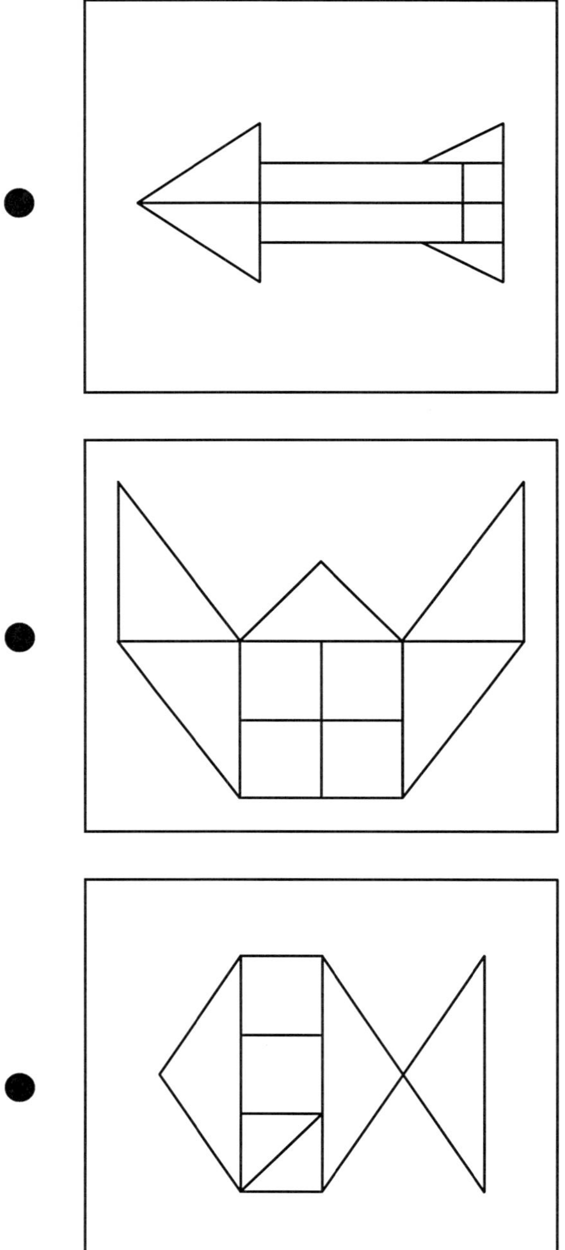

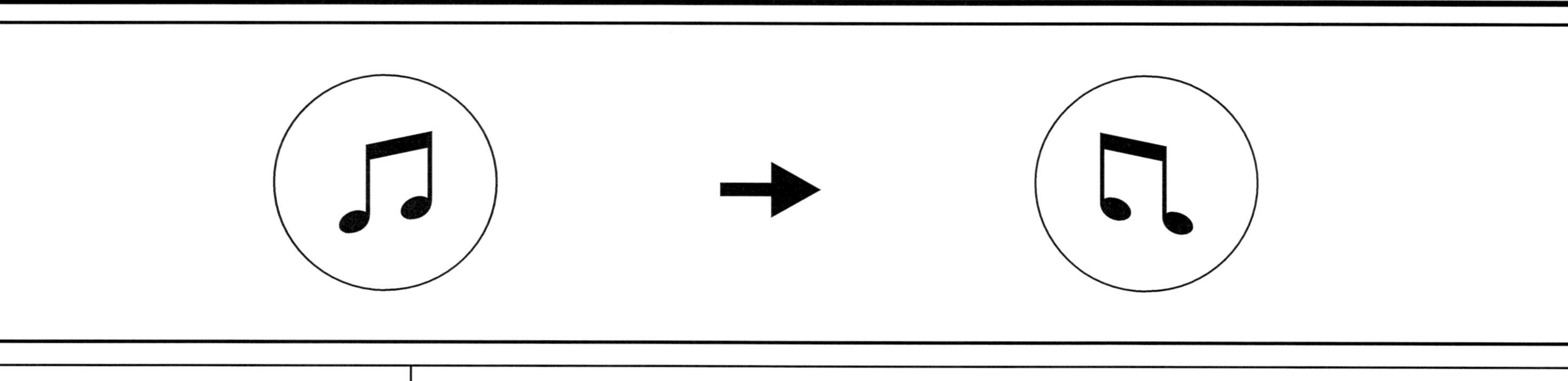

①

②

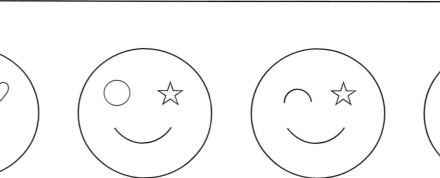

問題6

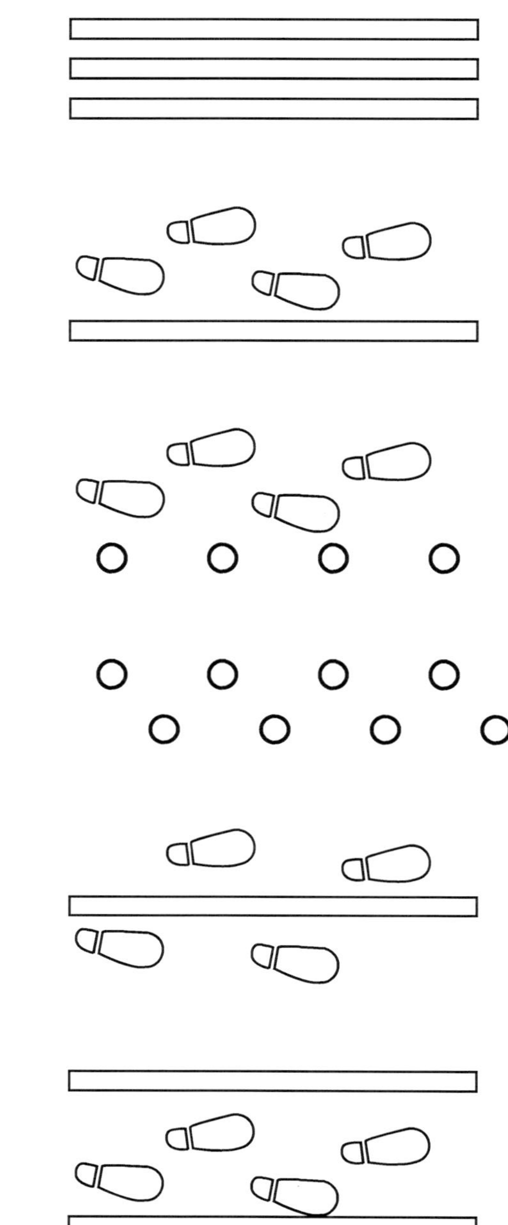

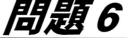

☆広島大学附属小学校

問題7

①

?

②

?

日本学習図書株式会社

問題8

☆広島大学附属小学校

問題 9

①

②

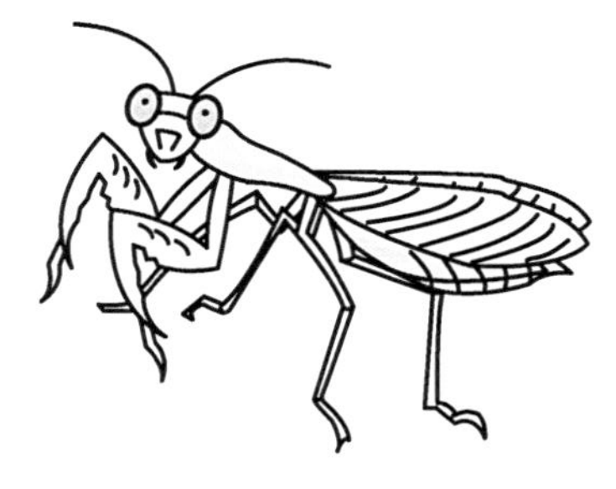

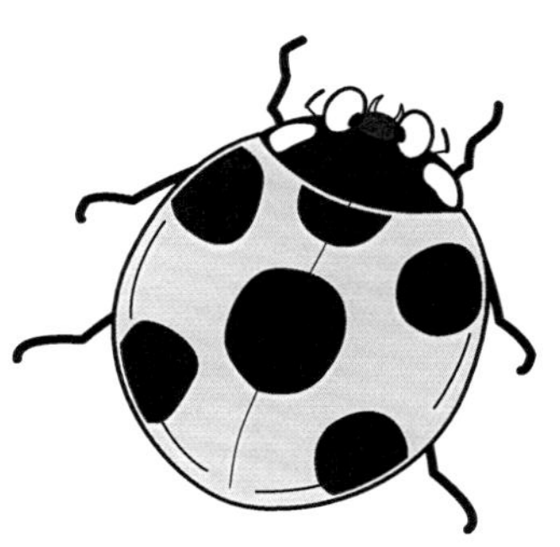

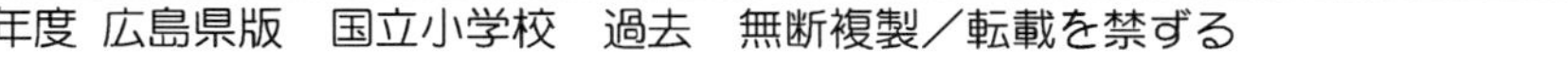

問題１０

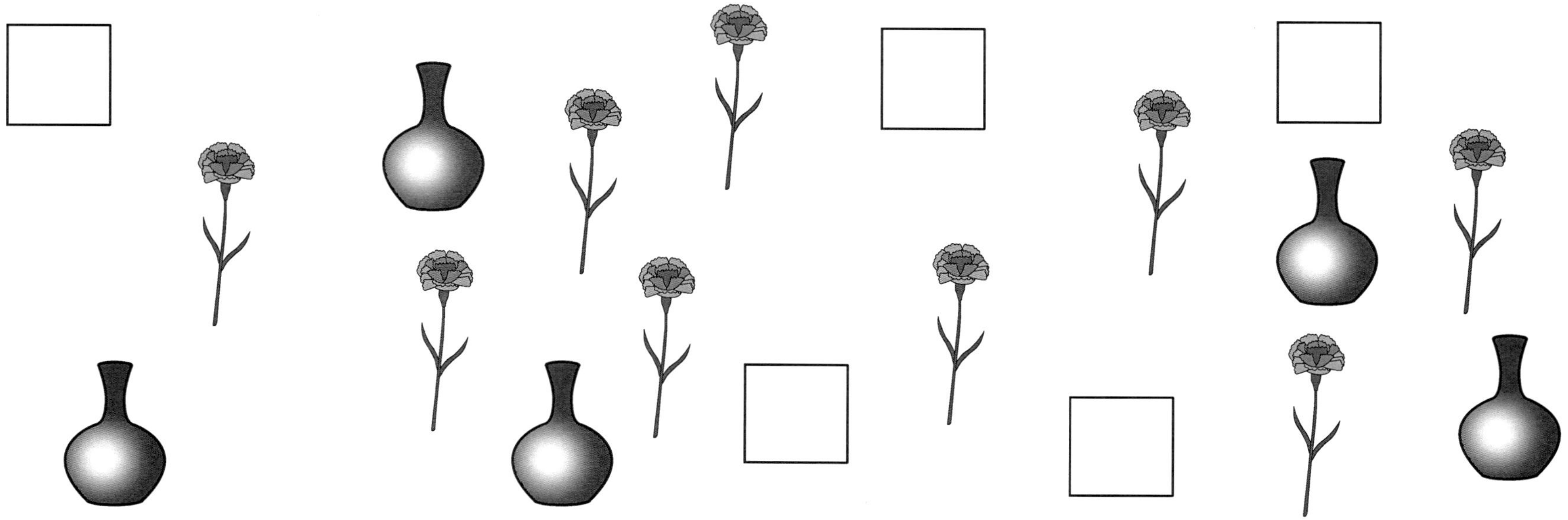

2021年度入試
解答例・学習アドバイス

解答例では、制作・巧緻性・行動観察・運動といった分野の問題の答えは省略されています。こうした問題では、各問のアドバイスを参照し、保護者の方がお子さまの答えを判断してください。

問題1　分野：お話の記憶（女子）

〈解 答〉 ①（左から）鉄棒、塗り絵、折り紙　②右端（コスモス）
③左から２番目（鉛筆）　④右から２番目（パンダ）

お話の内容は複雑ではありませんが、①のように複数の答えがあるものには注意しましょう。いかにも１つ答えて終わりにしてしまいそうです。当校のお話の問題は、「お話は簡単だが、質問は捻ってある場合が多い」という特徴があります。対応としては、お話だけではなく、問題もよく聞いてから答えるようにしましょう。落ち着いて答えればケアレスミスも減るはずです。また、お話に関係ない常識を聞かれることがあります。お話の季節を聞かれることが多いようですが、入試全体を通して常識を試されることが多いので、年齢なりの常識は広く身に付けておいてください。

【おすすめ問題集】
１話５分の読み聞かせお話集①・②、お話の記憶問題集 初級編・中級編、
Ｊｒ・ウォッチャー19「お話の記憶」

問題2　分野：お話の記憶（男子）

〈解 答〉 ①右から２番目（イチゴ）　②（左から）拭き掃除、買い物
③左端（バナナ）　④左から２番目

男子への出題です。ここ数年の傾向ですが、女子よりは簡単になっていることが多いようです。とは言っても、質問が捻ってあるのは同じで、ケアレスミスをしやすい問題と言えます。対処としては、女子と同じで問題を最後まで聞いて、落ち着いて答えるということしかありません。お話が単純ですから、内容を覚えるのはそんなに難しいことではありませんが、ほかのお子さまもそれは同じです。あまり差が付かないので、合格を目指すなら落とすことができない問題なのです。慎重に取り組んでください。

【おすすめ問題集】
１話５分の読み聞かせお話集①・②、お話の記憶問題集 初級編・中級編、
Ｊｒ・ウォッチャー19「お話の記憶」

問題3　分野：図形（展開）（女子）

〈解 答〉　①左下

展開の問題です。やや複雑なので注意してください。展開の問題は「折った線の線対称に切り取った形が線対称（左右逆）にできる」ということが理解できればほとんどの問題に答えられますが、お子さまに言葉で説明しても、まず理解できません。手間はかかりますが、やはり実物を見せて理屈を理解してもらいましょう。そのお子さま次第のところはありますが、たいていは「折った紙の一部を切り取る→開く」という作業を何度か見せれば仕組みが理解でき、こうした問題も直感的に答えられるようになります。

【おすすめ問題集】

Ｊｒ・ウォッチャー５「回転・展開」

問題4　分野：図形（図形の構成）（男子）

〈解 答〉　下図参照

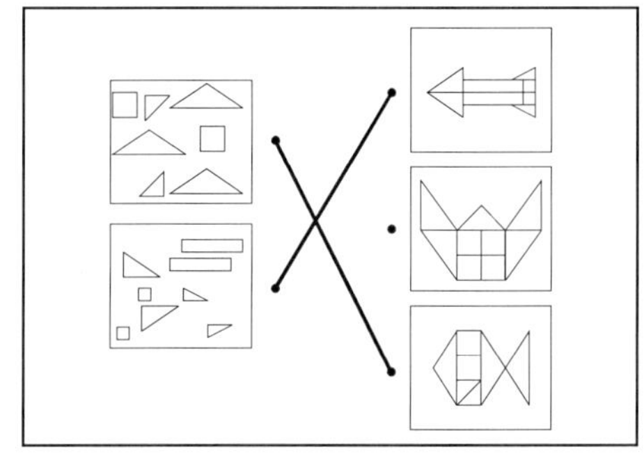

図形の構成の基礎問題です。直感的に答えがわからないようなら、右の図形（完成形）と左の図形を見比べながら、左の選択肢の図形（パズルのピース）を使ったものにチェックを入れていきましょう。時間はかかりますが、正解がわかります。試験ではそんな作業をしている時間はないので、特徴のある図形（ピース）に注目して、それのあるなしで判断してください。この問題なら大きな三角形や、正方形などがわかりやすいでしょう。慣れればひと目見ただけでなんとなく答えがわかるようになります。

【おすすめ問題集】

Ｊｒ・ウォッチャー３「パズル」、54「図形の構成」

問題5　分野：図形（鏡図形）（男子）

〈解答〉　①○：左から2番目　②○：右端

スタンプを押すとスタンプにデザインされたものと左右対称のものが押されます。お子さまには経験はないかもしれませんが、印鑑を押していると自然に覚えることです。問題としてはスタンプの図形と左右対称になった図形、鏡図形を選ぶことになるので、小学校受験で言うと図形分野の鏡図形の問題となっているわけです。理屈がわかっていればほとんど考える必要もなく、すぐに答えがわかってしまう問題なので、むしろそういった常識のあるなしを知ろうとしている問題と言えるかもしれません。

【おすすめ問題集】

Ｊｒ・ウォッチャー48「鏡図形」

問題6　分野：推理（女子）

〈解答〉　下図参照

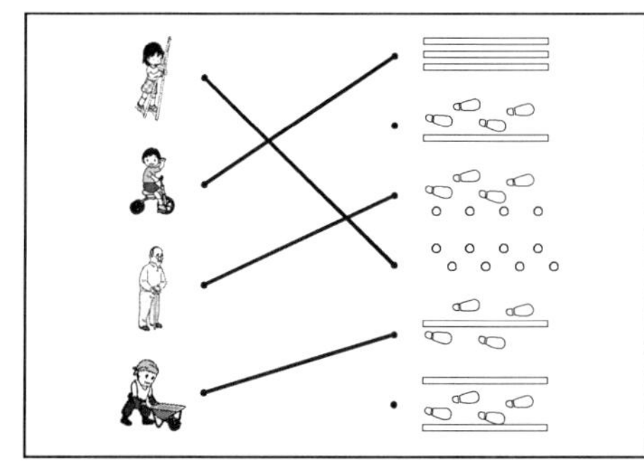

あまり出題されることはありませんが、足跡や轍（車の通った跡）を推理する問題です。スタンプの問題と同じく、理屈がわかっていればそれほど難しい問題ではありませんが、ふだんの生活での経験がなければ難しい問題になってしまいます。答えを考える上で守って欲しいのは「何となく」で答えを決めないこと。「～だから、これが～の足跡」と理由を言えるようにしておきましょう。直感でも正解することはできるとは思いますが、それだと見返しても勘違いや見落としに気づけません。

【おすすめ問題集】

Ｊｒ・ウォッチャー31「推理思考」

問題7　分野：推理（ブラックボックス）（女子）

〈解 答〉　①○：2　②○：9

あるものが箱を通ると、違うものになったり、個数が変化するというものを小学校受験では「ブラックボックス」と言います。実際の問題では、「あるものが増える（減る）」という形のブラックボックスが使われることが多く、この問題のように「リンゴからバナナに変って、しかも数も変わる」といった複雑なものはあまり見ません。ブラックボックスが複雑である代わりに、ここではブラックボックスの数自体が少なくなっているので、順を追って考えれば混乱することはないでしょう。時間も比較的ある問題なので、落ち着いて正解してください。

【おすすめ問題集】
Ｊｒ・ウォッチャー32「ブラックボックス」

問題8　分野：常識（生活）（女子）

〈解 答〉　○：バケツ、やかん、ペットボトル、じょうろ

生活に関する常識問題です。こうした問題は知識というよりは、生活での経験のあるなしを知ろうとした問題と考えてください。なかなか学校からは知ることの難しい、ふだんの暮らしぶりや家庭での過ごし方までを知ろうとしているわけです。もちろん、面接や口頭試問でも直接聞かれたりはしますが、なかなかそこでありのままを聞くことはできないので、折に触れてこうした問題が出題されるのです。それだけに、ほかの分野に比べ注目度は高く、見かけよりは重要な問題になっていることがあります。注意して取り組んでください。

【おすすめ問題集】
Ｊｒ・ウォッチャー12「日常生活」

問題9　分野：常識（理科）（男子）

〈解 答〉　①○：スズムシ、セミ　②○：カマキリ、カブトムシ、テントウムシ

理科的常識を聞いた問題です。虫としてはよく出題されるものが多いので、名前や基本的な性質やよく見かける季節、変態するものについては幼虫の時の姿などは知っておいた方がよいでしょう。なかなか実際に見る機会がなければ動画、図鑑などでその姿を見せるようにしておいてください。もっとも、こういった問題で必要なのは年齢なりの知識なので前述したような「変態」といったような難しい言葉は覚える必要ありません。お子さまが興味を持てば別ですが、出題されそうなことだけをお子さまに教えておけば充分です。

【おすすめ問題集】
Ｊｒ・ウォッチャー11「いろいろな仲間」、27「理科」、55「理科②」

問題10　数量（一対多の対応）（女子）

〈解答〉　○：4

ノウハウとしては３種類のもののうち１番少ないもの見つけて、そのまま答えにするという方法があります。ここでのセットは「花２本、花瓶、敷物」ですが、このうち１番数の少ない、「花２本」の数がそのまま答えになるわけです。これらをセットごとに○で囲んでいくという方法もありますが、ものの配置によって囲みにくく、かえって混乱することもあるので止めておいた方がよいでしょう。また、以上はノウハウに過ぎないのでやり方だけを覚えてもあまり意味はありません。将来の学習につながるように「なぜそうなるのか」を保護者の方は必ず説明するようにしてください。

【おすすめ問題集】
Ｊｒ・ウォッチャー42「一対多の対応」

問題11　分野：行動観察（男子・女子）

例年とあまり変わらない内容ですが、今年度は声を出さない、歌わない、接触をできるだけしないといった点で配慮されています。評価されるポイントは従来どおりの指示を「聞く」「理解する」「行動する」ということです。お子さまがそのいずれかを苦手にするようなら、工夫しながらその練習の機会を作るようにしてください。例えばお手伝いをさせてみる、集団で行動する機会少ないようなら、Webのそういったものに合わせて歌ってみるといったことでよいでしょう。どうしてもお子さま同士のコミュニケーションが少なくなる昨今ですから、保護者の方が意識してそういった機会を設けるようにしてください。こうした課題にはコミュニケーション能力が必要です。

【おすすめ問題集】
新運動テスト問題集、Ｊｒ・29「行動観察」

問題12　分野：口頭試問（男子・女子）

変わったことを聞かれるということもないので、特に準備は必要ないでしょう。逆に準備をしすぎていると、見当違いのことを言ったり、想定外の質問に慌ててしまうことがあるので、「聞かれていることを理解する→それに沿った答えを言う」ということだけを意識していればよいのです。後追いの質問、例えば「それはどうしてですか」という質問にも同じ対応で臨んでください。つまり、相手の質問を聞き、素直にそれに沿った答えを言いましょう。学校側が臨んでいるのはこれから教育する上でできるだけ問題のない、素直な子どもです。

【おすすめ問題集】
新口頭試問・個別テスト問題集

2020年度以前の問題

問題13 分野：お話の記憶（女子）

〈準備〉 クーピーペン（赤）

〈問題〉 お話をよく聞いて、後の質問に答えてください。
今日は、大みそかです。たけしくんが、お母さんに、「何かできることないかな」と聞くと、お母さんが、「おばあちゃんの家に行って、鏡餅の上に載せるミカンをもらってきてちょうだい」と言ったので、たけしくんは、おばあちゃんの家まで行くことにしました。消防署の前を通って、郵便局の角を曲がったところにある公園で、友だちのまさるくんに会いました。まさるくんが、「シーソーと砂場で遊ぼう」と誘ってくれましたが、たけしくんは、「おばあちゃんの家に行くから、また今度ね」と言いました。まさるくんは、「じゃあ、ぼくは、すべり台で遊ぶね」と言って、すべり台の方に行きました。交番の前を通って、まっすぐ進むと、おばあちゃんの家に着きました。おばあちゃんは、畑で野菜を採っていました。おばあちゃんがたけしくんのところまで来ると、「お母さんから電話で聞いたから、いるものはわかっているよ」と言って、いっしょに家の中に入りました。おばあちゃんからミカンをもらった後、台所に行くと、黒いものを煮ていたので、「これ、なあに」と聞いてみると、「１つ食べてみてもいいよ」と言われました。台所には、腰が曲がって、ひげのある海に住むものがいて、おばあちゃんは、「家族の分だけ、入れておくね」と言って、袋に入れてくれました。たけしくんは、「ぼくは嫌いだけど、今度は食べてみるね」と言って、家に帰りました。「ただいま、お母さん。おつかいに行ってきたから、ぼくは、玄関の掃除をするね」と言って、たけしくんは、今年最後の掃除を始めました。

（問題13の絵を渡す）
①お母さんにお使いを頼まれた飾りはどれですか。○をつけてください。
②通らなかったところは、どこですか。○をつけてください。
③たけしくんが、嫌いだったものはどれですか。○をつけてください。
④おばあちゃんが、畑で採っていた野菜はどれですか。○をつけてください。

〈時間〉 各15秒

〈解答〉 ①右端（鏡餅）　②左から２番目（魚屋さん）　③左から２番目（エビ）
④左端（ダイコン）

［2020年度出題］

学習のポイント

お話自体は長いものではありませんが、出題の仕方が独特なので、慣れていないと難しく感じるでしょう。本問では、お話の中に、ほとんど答えが出てきません。例えば、①では「鏡餅」を「飾り」と表現し、②では「通らなかったところ」、③では「エビ」を「腰が曲がって、ひげのある海に住むもの」、④は「おばあちゃんが、畑で採っていた野菜」としか書かれておらず、お話の中にも具体的な野菜の名前は出てきません。お話の季節から判断して答えるということなのです。このように、単純に記憶すればよい問題ではないので、類題に取り組む時には、保護者の方が一工夫して出題するなど、対策をするようにしてください。

【おすすめ問題集】
１話５分の読み聞かせお話集①・②、お話の記憶問題集 初級編・中級編、
Ｊｒ・ウォッチャー19「お話の記憶」

問題14　分野：お話の記憶（男子）

〈準備〉　クーピーペン（赤）

〈問題〉　**この問題の絵は縦に使用してください。**
お話をよく聞いて、後の質問に答えてください。
今日は、タヌキくんの誕生日です。ネコさんは、サルくんとウサギさんを呼んで、家でタヌキくんの誕生日会をすることにしました。サルくんは、「いろいろなくだものを買ってきて、ケーキの飾り付けをしよう」と言って、くだものを買いに行きました。ネコさんは、「折り紙とバラの花を買ってきて、お部屋の飾り付けをするね」と言いました。ウサギさんは、「私は手品をするわ」と言って、帽子から旗を出す手品、ハトを出す手品、カードを出す手品の練習をしました。カードを出す手品が上手にできるようになったので、その手品をすることにしました。サルくんは電車で、ネコさんは車で買い物に行きました。帰ってくると早速準備を始めました。サルくんが、「くだものを星やハートの形にして、ケーキを飾り付けようと思うんだけど、どうかな」と言うと、「いいね、そうしよう！」と、ネコさんとウサギさんは賛成しました。タヌキくんが、ネコさんの家に行く用意をしていると、お母さんが、「みんなで分けなさいね」と、クッキーを持たせてくれました。家を出ようとしたところに、おばあちゃんが山から帰って来て、「寒くなるといけないから、これをしていきなさい。それと、たくさんキノコが採れたから、持っていきなさい」と、首に巻くものと採れたてのキノコを渡してくれました。

（問題14の絵を渡す）
①ネコさんは、何に乗って買い物に行きましたか。○をつけてください。
②部屋の飾り付けをした動物は誰ですか。○をつけてください。
③ウサギさんが手品で上手に出せるようになったものは何ですか。○をつけてください。
④サルくんは、ケーキの飾り付けにくだものをどんな形に切りましたか。○をつけてください。
⑤タヌキくんに、おばあちゃんが渡したものは何ですか。○をつけてください。

〈時間〉　各15秒

〈解答〉　①左端（車）　②左から２番目（ネコさん）　③左から２番目（カード）
④左端（ハート）、右端（星）　⑤左端（マフラー）、右から２番目（キノコ）

［2020年度出題］

学習のポイント

男子への出題でしたが、女子に出題された問題に比べると簡単になっています。お話の中に答えは出てきますし、「誰が何をした」ということが把握できていれば、答えられる問題がほとんどです。「寒くなるといけないから～」「首に巻くもの」でマフラーという解答をする、⑤が少しひねってあるくらいのものです。お話の記憶は、例年、女子の方が難しい傾向にあるので、男子は少し楽に感じがちですが、難しくない分、間違いが許されないとも言えます。長文や難問に挑む必要はないかもしれませんが、基礎的な問題は確実に正解できるようにしておきましょう。読み聞かせをしっかりしておけば、充分に対応できる問題です。

【おすすめ問題集】
１話５分の読み聞かせお話集①・②、お話の記憶問題集 初級編・中級編、
Ｊｒ・ウォッチャー19「お話の記憶」

問題15　分野：図形（図形の構成）（女子）

〈準 備〉　クーピーペン（赤）

〈問 題〉　上の形を使ってバスを作ります。同じ数・形でできるバスを下から見つけて、○をつけてください。

〈時 間〉　30秒

〈解 答〉　下図参照

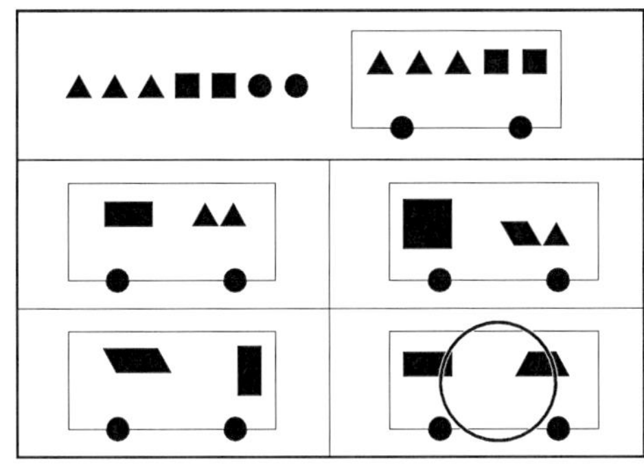

［2020年度出題］

学習のポイント

例年、男女ともに図形は出題されていますが、頻出と呼べるような傾向はなく、図形分野の中で幅広く出題されています。極端に難しい出題はないので、基礎学習を中心にして、確実にできる問題を増やしていきましょう。本問では、バスを作るというテーマで出題されていますが、シンプルな図形の構成と考えて解いていきましょう。タイヤ部分を除けば、▲が３個と■が２個で作れる形を見つければよいということになります。もし、わかりにくいようなら、選択肢に線を引いて▲が何個、■が何個という形が目に見えるようにしてあげましょう。上の形を切り取って実際に形を作ってみることも、理解を深めるためには有効なので試してみてください。

【おすすめ問題集】

Ｊｒ・ウォッチャー３「パズル」、54「図形の構成」

問題16　分野：図形（座標の移動）（男子）

〈準備〉　クーピーペン（赤）

〈問題〉　（問題16-1を渡す）
これがクマさんが進む時のお約束です。
（問題16-2を渡す）
上の記号の時、クマさんはどこまで進むでしょうか。進んだ最後の枠の中に、○を書いてください。☆は2つ進みます。○は1つ進みます。□は1つ戻ります。

〈時間〉　1分

〈解答〉　下図参照

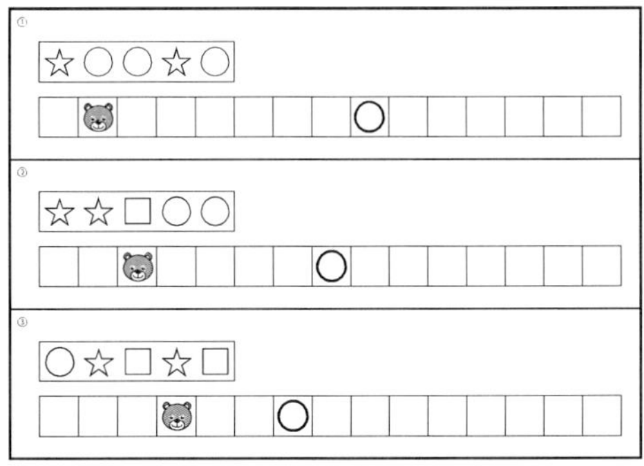

［2020年度出題］

学習のポイント

何を問われているのかを理解してしまえば、難しい問題ではないのですが、慣れていないと少し悩んでしまうかもしれません。オーソドックスな方法だと、記号を数に置き換えて、1つひとつ進んでいくやり方があります。はじめのうちはこの方法で、確実に正解することを目指してください。慣れてきたら、置き換えた数をまとめてしまい、正解を出すこともできます。①を例にすると、☆☆（星が2個）＝4つ進む、○○○（丸が3個）＝3つ進むとなり、7つ進むことがわかります。その際に注意しておきたいのは、現在の位置の隣から数え始めるとういことです。現在の位置から数え始めてしまうことがないように、「進む（戻る）」という意味をしっかりと理解しておきましょう。

【おすすめ問題集】
Ｊｒ・ウォッチャー47「座標の移動」

問題17　分野：図形（同図形探し）（男子）

〈準備〉　クーピーペン（赤）

〈問題〉　左の絵と同じ形を見つけて、○をつけてください。

〈時間〉　20秒

〈解答〉　下図参照

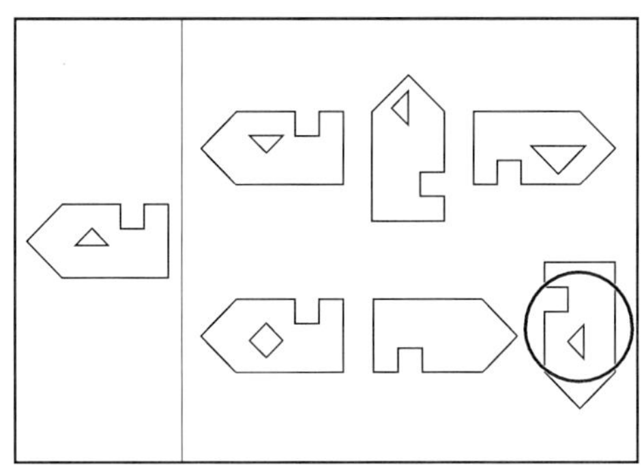

［2020年度出題］

学習のポイント

このくらいの問題なら、入学試験が近くなってくる頃には、瞬間的に正解を見つけられるレベルに持っていきたいところです。選択肢が多く、回転図形の要素も入っていますが、ぱっと見て正誤が判断できるようにしましょう。そのためには、図形をさまざまな視点で見ることが大切になります。回転図形などは、実際に回転させて正解を確認することで理解しやすくなります。自分で動かして、自分の目で見ることを繰り返すことで、図形の向きが変わっても同じ形であるということが、感覚的につかめるようになってきます。そうした感覚は「図形センス」と呼ばれていますが、センスではなく経験を積み重ねることで誰にでも身に付けることができるので、継続的に学習を進めていくようにしてください。

【おすすめ問題集】

Ｊｒ・ウォッチャー４「同図形探し」、46「回転図形」

問題18　分野：推理（系列）（女子）

〈準備〉　クーピーペン（赤）

〈問題〉　空いている太い四角の中に入るものを下から選んで、○をつけてください。

〈時間〉　30秒

〈解答〉　①真ん中　②左

［2020年度出題］

学習のポイント

系列は規則性を発見できるかどうかがポイントになります。規則性は、言い換えれば繰り返しということです。①は、「晴れ、曇り、雨」の繰り返しなので、すぐに正解を見つけることができると思いますが、②は急に難しくなります。結論から言うと、「△□○△△○□」の繰り返しになるのですが、規則性を見つけるのは簡単ではないでしょう。オーソドックスな解答法として、口（くち）ずさんでリズムをつかむというやり方があります。①のような短い繰り返しの場合は有効ですが、ここでは７つという長い繰り返しになるのでうまくリズムをつかむことができません。なので、空欄の前後から正解を導いていきたいと思います。ここでは、空欄の後ろに、「△△」という特徴的な並びがあるので、ほかの並びを見てみると「○」が入るということが予想できます。このように解き方は１つだけではないので、解き方をいくつか知っておくとよいでしょう。また、解答の後に、系列が成り立っているか確認することを忘れないようにしてください。

【おすすめ問題集】

Ｊｒ・ウォッチャー６「系列」

問題19　分野：巧緻性（運筆）（男子）

〈準備〉　クーピーペン（赤）

〈問題〉　「ぞうさん」の歌が流れている間に、●から●まで、枠からはみ出さないように、線を引きましょう。

〈時間〉　約30秒

〈解答〉　省略

［2020年度出題］

学習のポイント

運筆で何を観ているのかというと、きちんと線が引けているかどうかです。それは当たり前のことなのですが、その線から、「正しく鉛筆を持てているか」「思い通りに鉛筆を使えているか」というところを観ています。運筆が苦手というお子さまがいたら、ただ練習をするのではなく、正しい持ち方をするところから始めましょう。保護者の方もできていないようなら、お子さまといっしょに取り組んでください。本問では、「斜め」「曲線」「狭い」など、いくつかポイントになるところがありますが、それほど難しい課題ではないので、鉛筆が正しく持てているのであれば、特別な対策をとらなくても充分に対応できるでしょう。

【おすすめ問題集】

Ｊｒ・ウォッチャー51「運筆①」、52「運筆②」

問題20　分野：常識（理科）（女子）

〈準備〉　クーピーペン（赤）

〈問題〉　**この問題の絵は縦に使用してください。**
上の段を見てください。木からできているものは、木の椅子と積み木ですね。では、下の段を見てください。イネからできているものを見つけて、点と点を結んでください。

〈時間〉　30秒

〈解答〉　下図参照

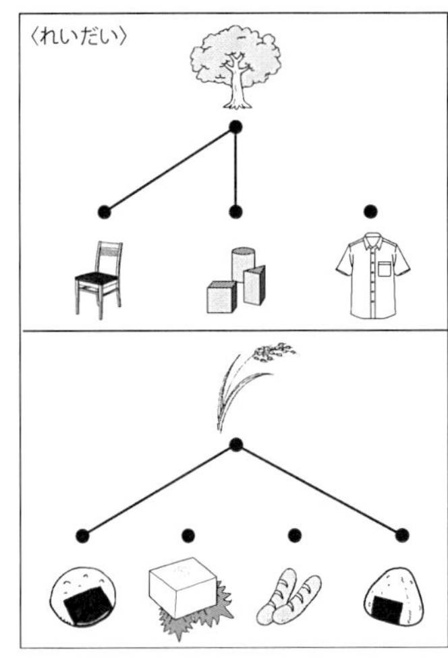

［2020年度出題］

学習のポイント

当校では、理科常識の問題が例年出題されているので、必ず対策をとっておきましょう。本問は、原材料から加工品を見つけるという問題です。木から椅子や積み木という例題は理解できても、イネからおにぎりやおせんべいは、わからないお子さまもいるかもしれません。こうした問題はペーパーではなく、生活の中で少しずつ身に付けていくようにしてください。おせんべいを食べている時に、「これは何からできているか知ってる？」という形で、経験といっしょに知識を得るようにしていくとよいでしょう。日常にも学習の機会はたくさんあるので、保護者の方は積極的に活用するようにしてください。特に常識問題は、生活により近いものなので、ふだんのくらしの中で多くのことを学ぶことができます。

【おすすめ問題集】
　Ｊｒ・ウォッチャー27「理科」、55「理科②」

問題21　分野：常識（季節、日常生活）（男子）

〈準備〉　クーピーペン（赤）

〈問題〉　①冬に関係のあるものを選んで、○をつけてください。
②掃除に関係のないものを選んで、○をつけてください。

〈時間〉　30秒

〈解答〉　下図参照

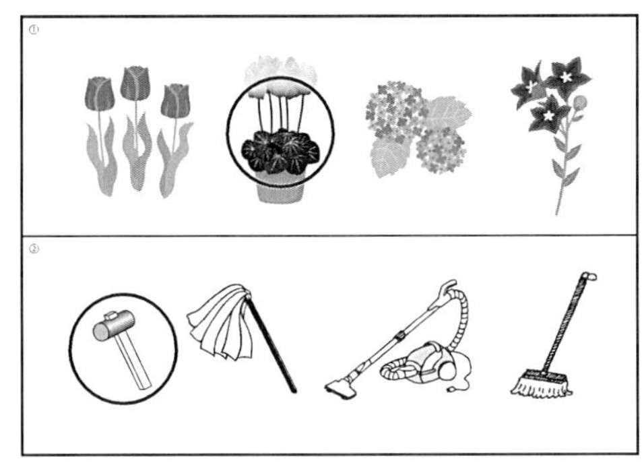

［2020年度出題］

学習のポイント

当校では理科常識の対策は必須ですので、しっかりと知識を身に付けておきましょう。そんな中で、①は難しかったのではないでしょうか。難しいというのとは少し違うかもしれませんが、知っていなければ正解できない（消去法はありますが）ものです。正解は「シクラメン」なのですが、冬に咲く花はあまり多くないので、季節の問題で見かけることがあります。知識を問う問題ができなかった時には、覚えるしかないので、知らないことをきっかけにして、知識を増やしていきましょう。「ツバキ」「スイセン」「ウメ」などが冬に咲く花なので、この機会に覚えておいてください。知識を問う問題だけではありませんが、わからないことは、わかるチャンスでもあるので、保護者の方が正しい方向へと導いてあげるようにしてください。

【おすすめ問題集】
Ｊｒ・ウォッチャー12「日常生活」、34「季節」

問題22　分野：数量（一対多の対応）（女子）

〈準備〉　クーピーペン（赤）

〈問題〉　大きなリスはドングリを３個、小さなリスはドングリを２個食べられます。リスが食べられる数とドングリの数がぴったり合っているものを選んで、○をつけてください。

〈時間〉　30秒

〈解答〉　右下

［2020年度出題］

学習のポイント

リスが食べられるドングリの数を考えて、右のドングリと同数であることを確認するという２段階の思考が求められます。リスの数が選択肢ごとに違っているので、それぞれ確認しなくてはいけないところが、手間のかかる作業になります。解答時間を考えると、１つひとつ数えている時間はありません。少なくとも右のドングリは、ぱっと見て数が把握できるようになっていないと入試本番では厳しいでしょう。とはいえ、最初から解答のスピードを意識する必要はありません。入試までにできるようになればよいのです。まずは、確実に正解できるようになることです。速さを意識するのは、その後で充分です。その順番を間違えてしまうと、どちらも中途半端になってしまうので気を付けましょう。

【おすすめ問題集】

Ｊｒ・ウォッチャー36「同数発見」、42「一対多の対応」

問題23　分野：行動観察（男子・女子）

〈準備〉　なし

〈問題〉　①生きものじゃんけん（女子）
（先生が最初に手本を見せる。「パンパン」と２回手を叩いたら、終わりという指示がある）
はじめは、全員卵です。
じゃんけんに１回勝ったら、卵からオタマジャクシになります。オタマジャクシの時に勝ったらカエルになります。カエルは卵を産みますよね。カエルの時に勝ったら卵に戻ります。
同じもの同士でしか、じゃんけんをしてはいけません。
移動するときは、歩きましょう。走ったり、押したりしてはいけません。
※男子は、カニ、トリ、ゴリラで同様の課題。

この問題は絵を参考にしてください。
②指示行動（男女共通）
（先生が手本を見せる。「先生が前と言ったら、このように前に動いてください」）
先生が言ったのと同じように言って、その動きをしてください。
「前」
「前」
「後ろ」
「ジャンプ」
自分の椅子に座ってください。
※練習なしで、全員一斉に行う。

〈時間〉　適宜

〈解答〉　省略

［2020年度出題］

学習のポイント

どちらの課題も、指示を「聞く」「理解する」「行動する」という点が観られています。①では、「卵」「オタマジャクシ」「カエル」のポーズのお手本が示されます。ポーズの変化や同じもの同士でしかじゃんけんできないなど、指示が複数あるので、「聞く」ことが重要なポイントになります。指示を聞いていなければ、その後のゲームは成立しません。楽しんでできる課題ではありますが、ルールをしっかり守らなければ、評価は低いものになってしまいます。②も同様ですが、より指示の理解が重要になります。全員で一斉に行うので、１人だけ違う動きをしていると悪目立ちしてしまいます。だからといって、周りを見ながらの動いたのでは、指示を聞いていなかったと評価されてしまうので注意しましょう。

【おすすめ問題集】
新運動テスト問題集、Ｊｒ・ウォッチャー28「運動」、29「行動観察」

①

②

③

④

問題14

①

②

③

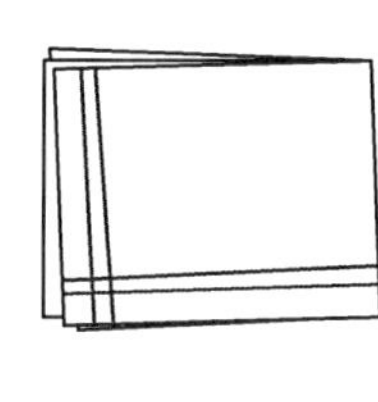

④

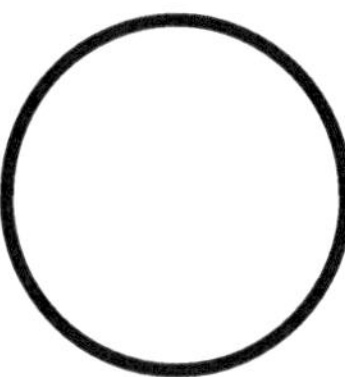

⑤

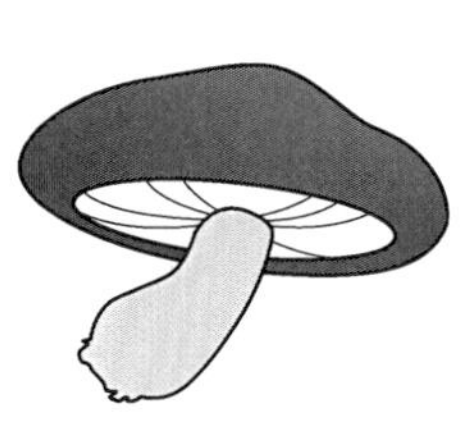

☆広島大学附属小学校

☆広島大学附属小学校

問題15

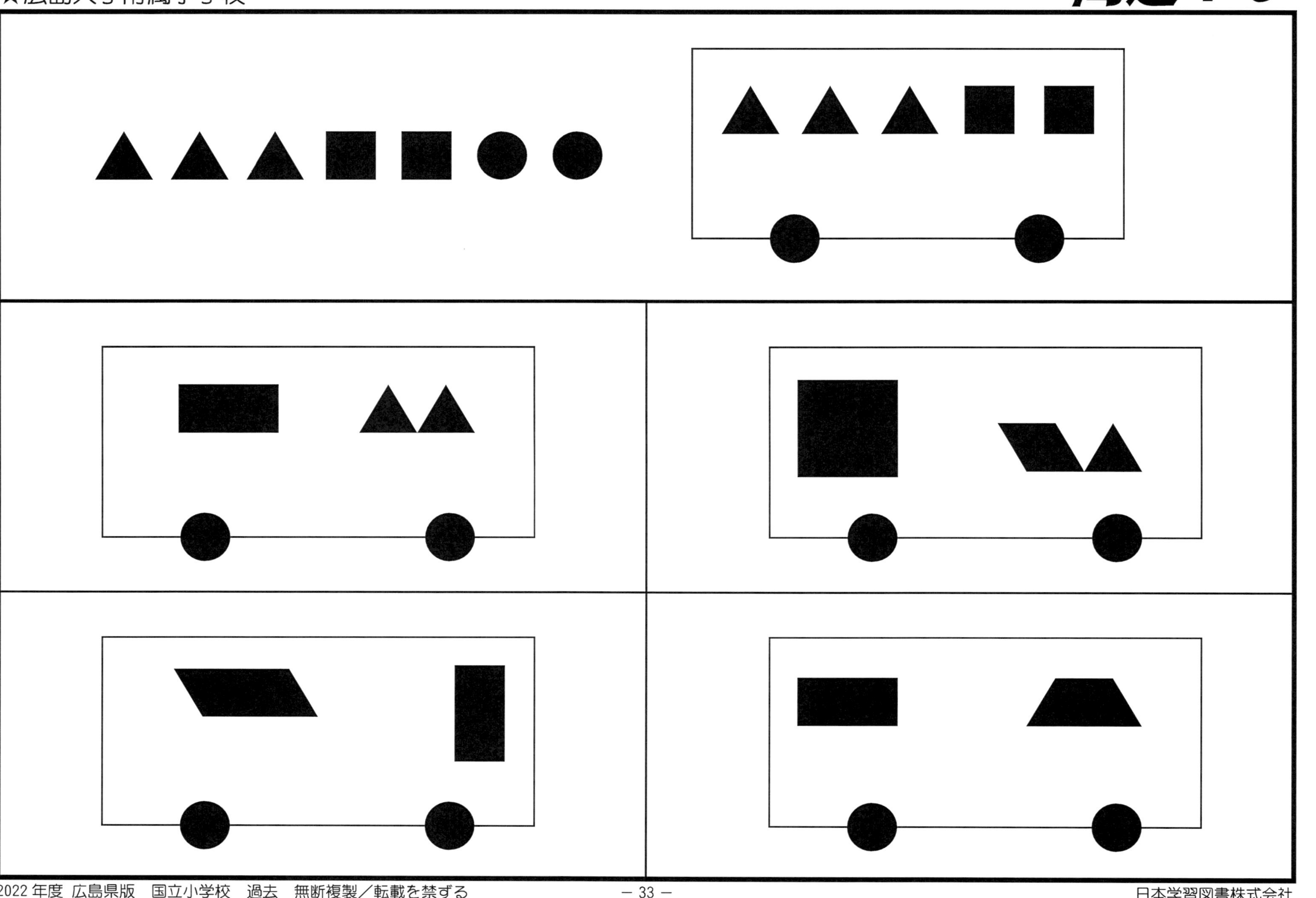

問題１６－１

〈おやくそく〉

問題１６－２

①

②

③

問題17

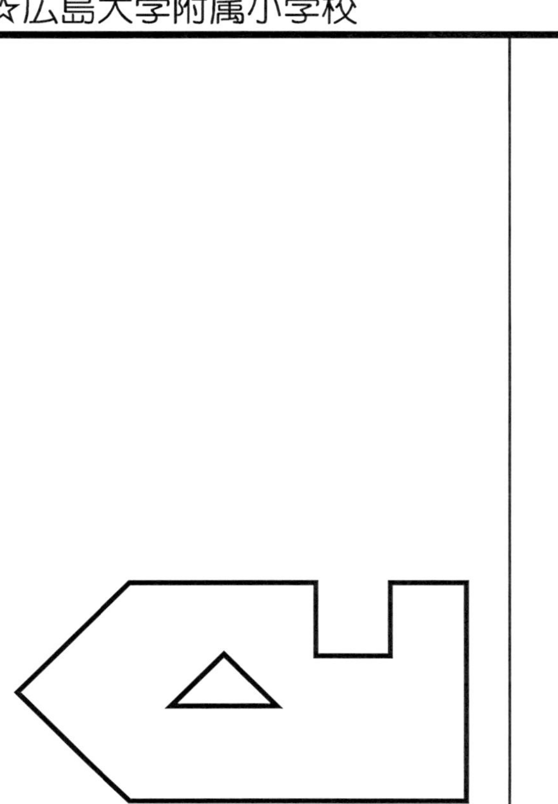

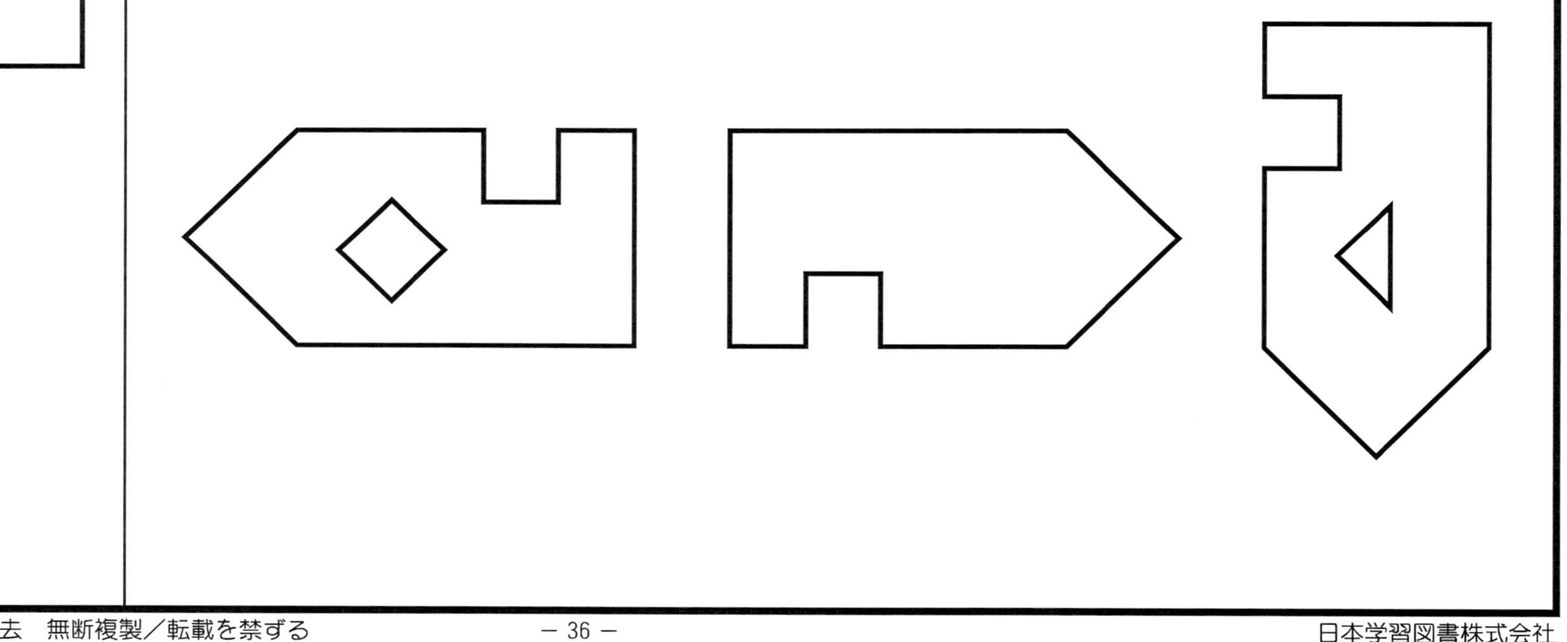

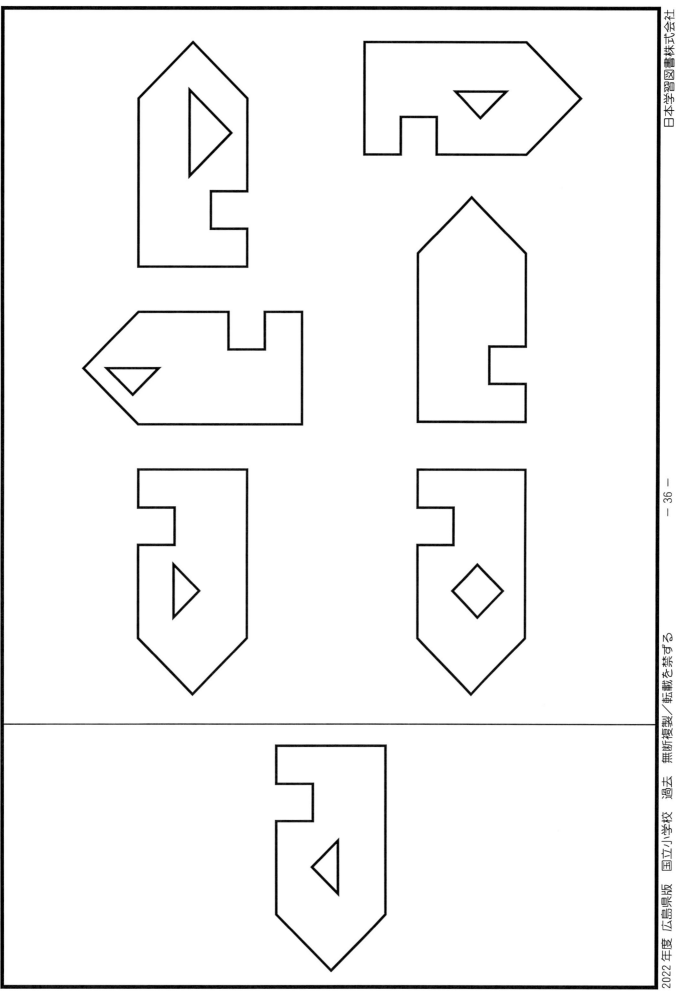

☆広島大学附属小学校

問題18

①

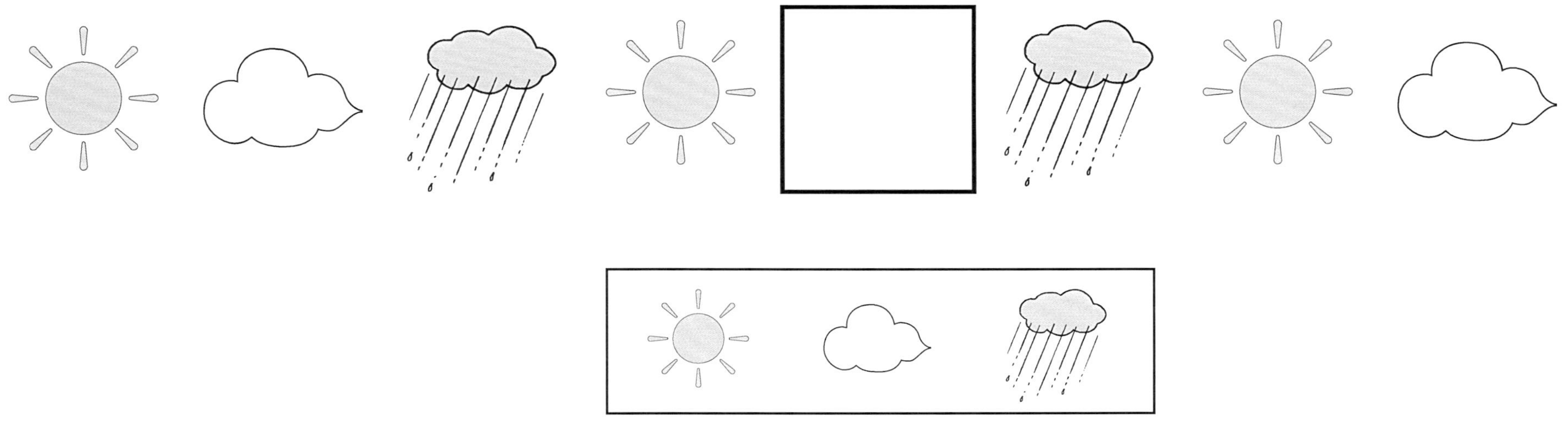

②

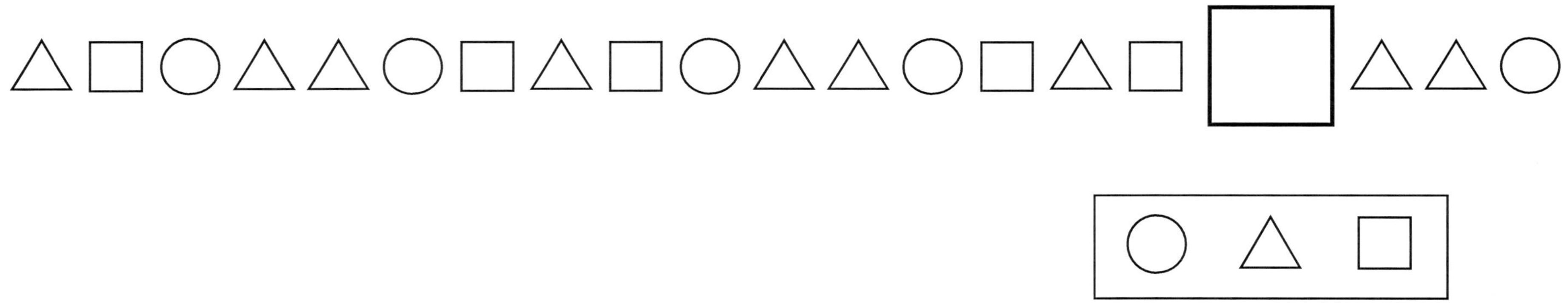

△□○△△○□△□○△△○□△□　△△○

○△□

問題１９

①

②

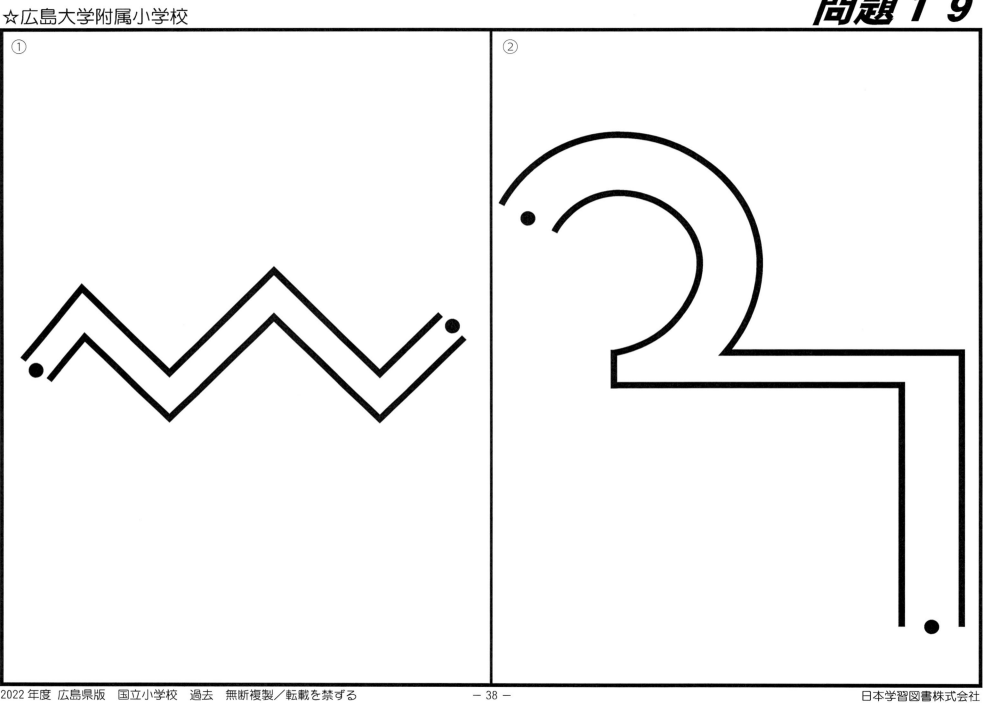

問題20

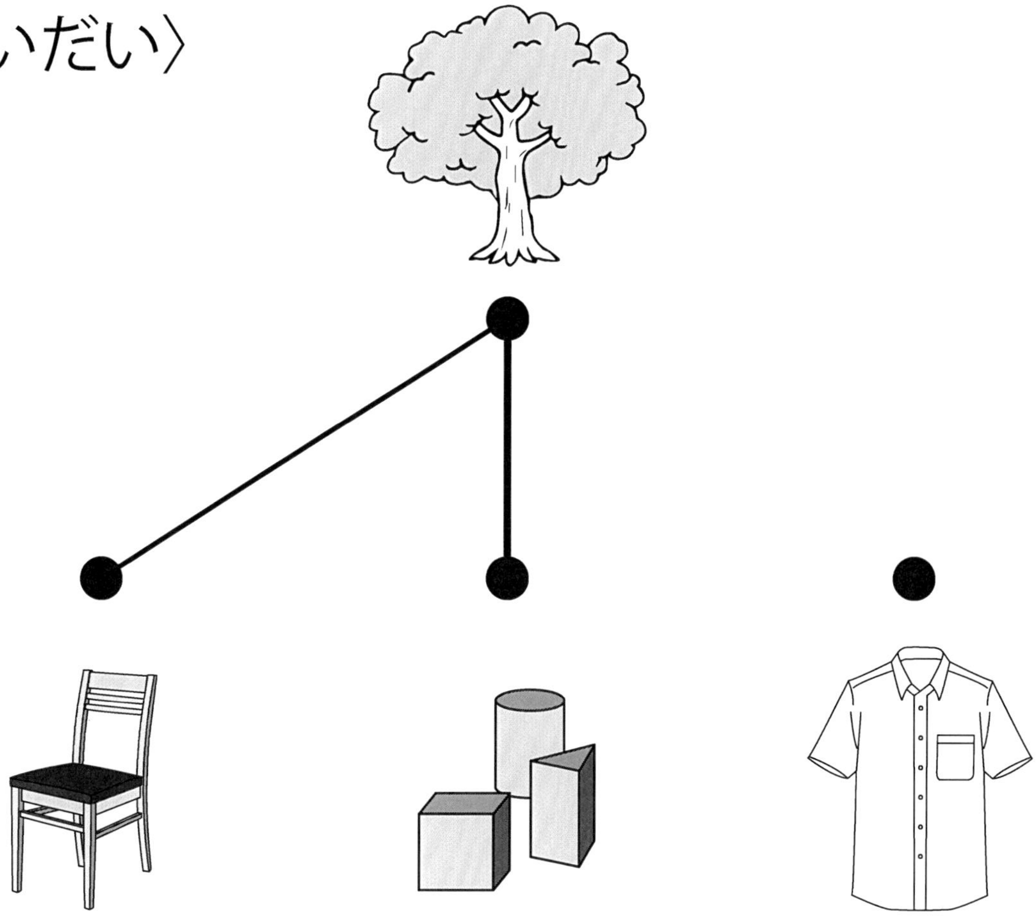

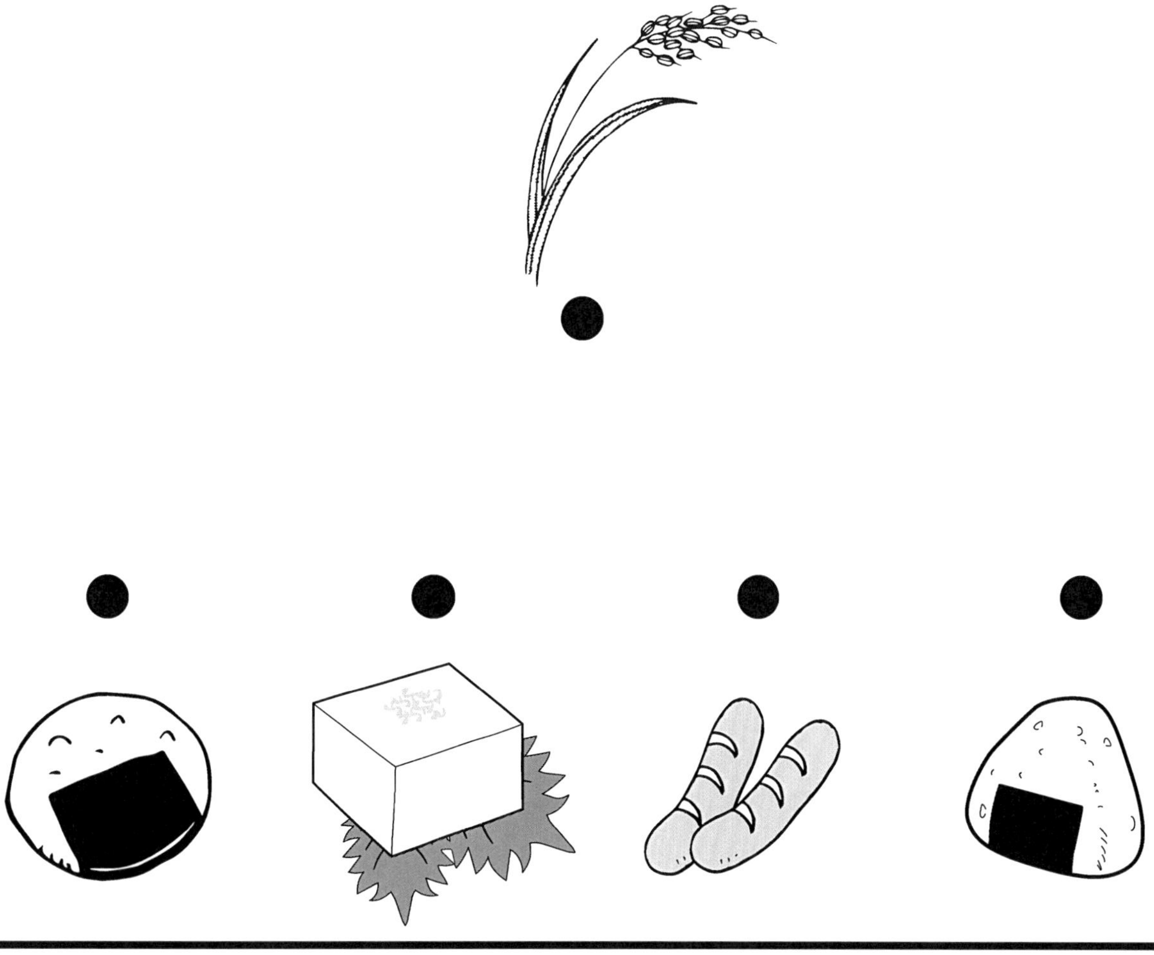

〈れいだい〉

日本学習図書株式会社

☆広島大学附属小学校

①

②

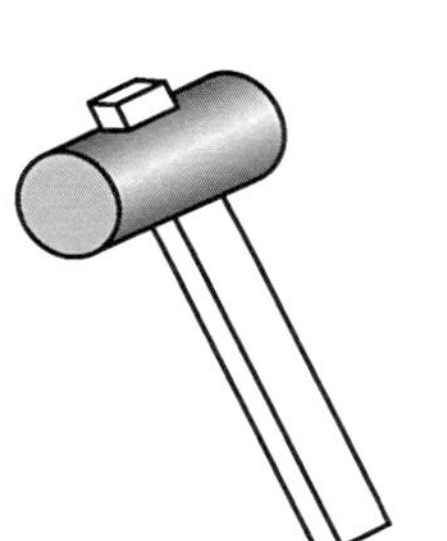

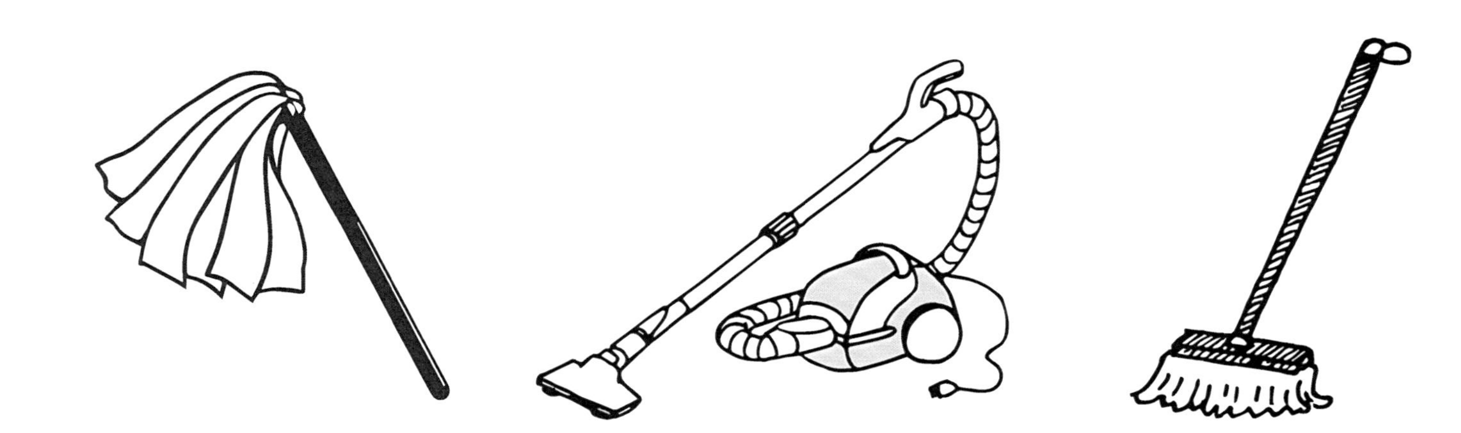

日本学習図書株式会社

問題２２

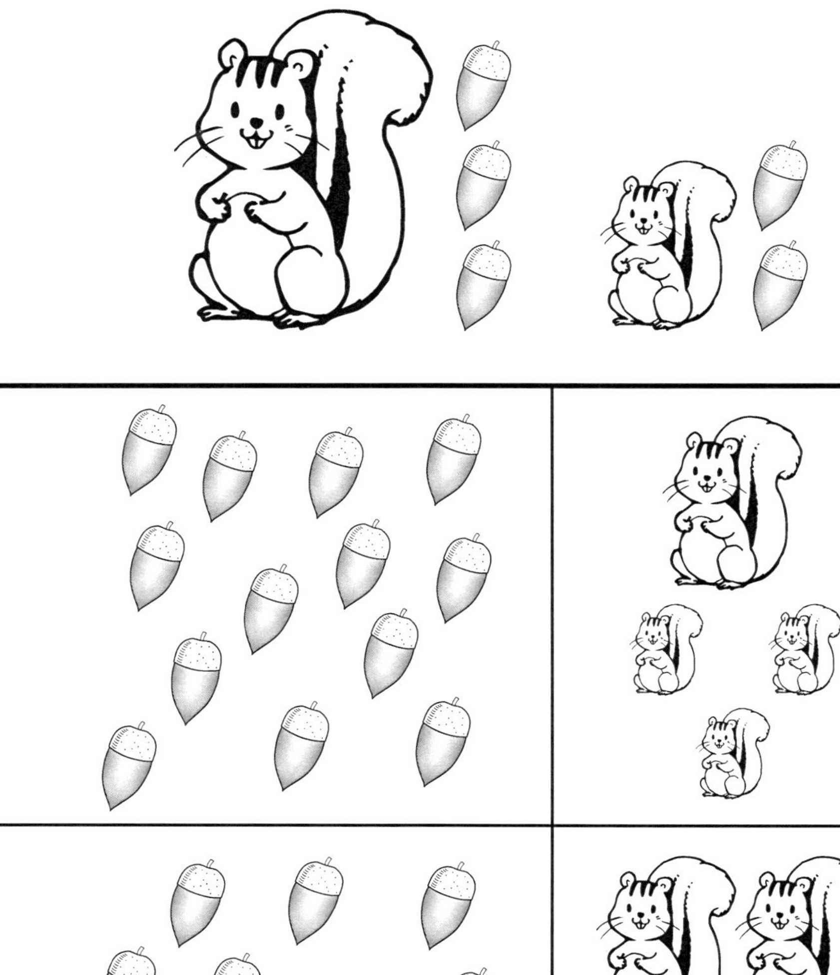

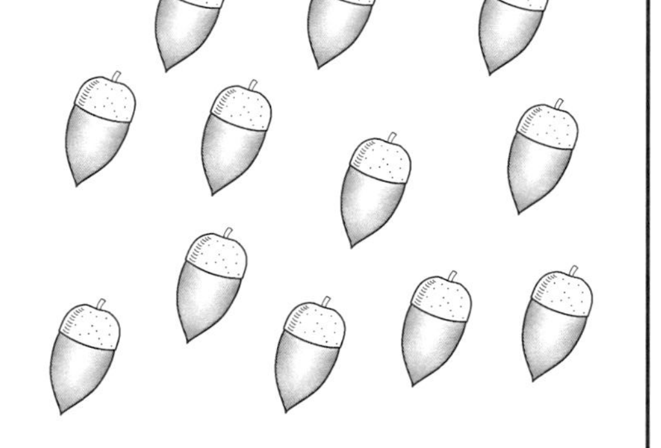

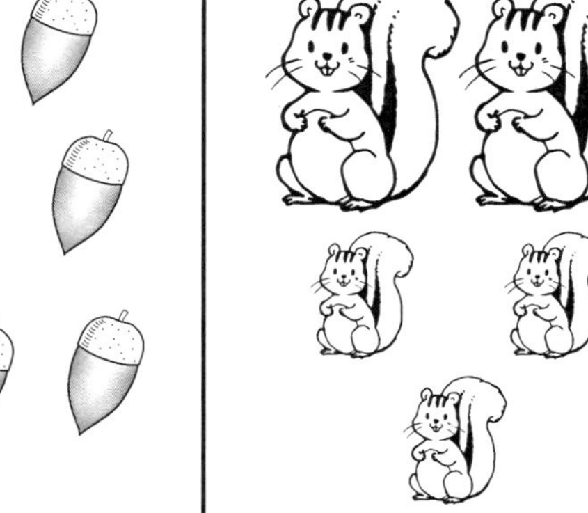

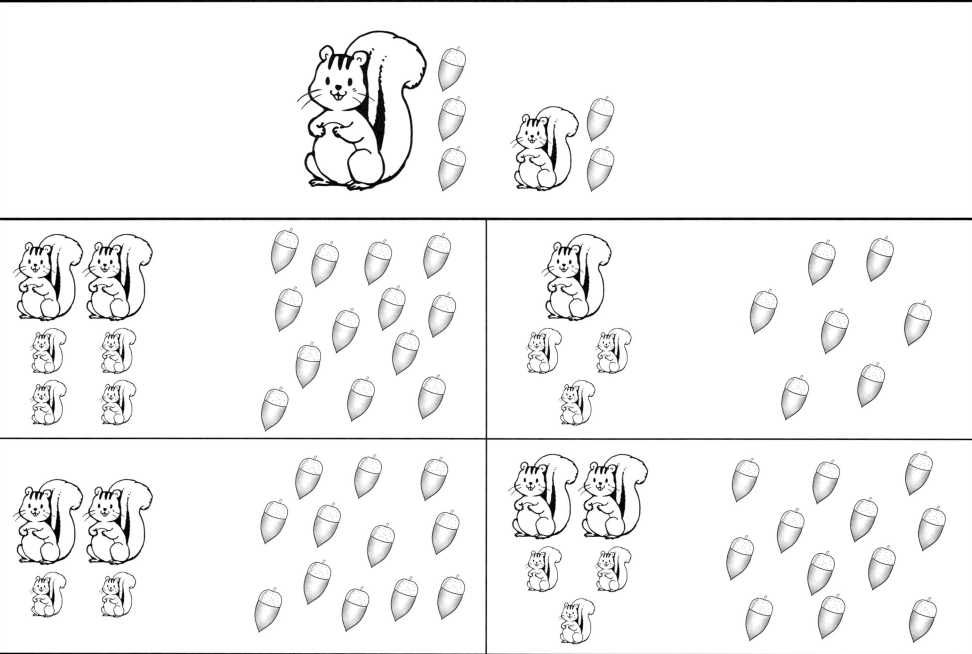

問題２３

②

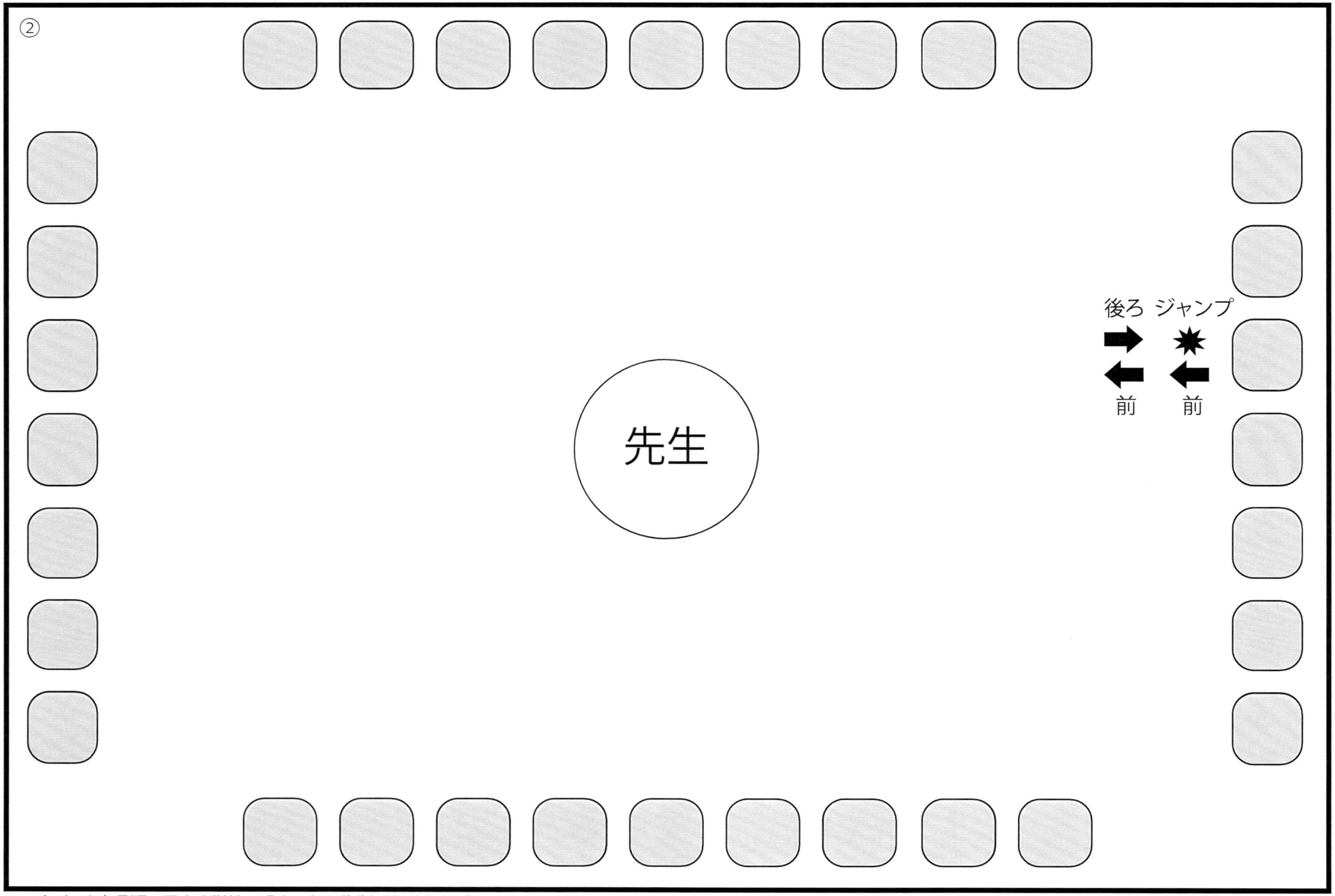

後ろ　ジャンプ

前　前

先生

広島大学附属小学校　専用注文書

年　月　日

合格のための問題集ベスト・セレクション

＊入試頻出分野ベスト3

1st お話の記憶　集中力　聞く力　知識

2nd 図　形　観察力　思考力

3rd 常　識　知識　集中力

ペーパーテストでは、記憶、図形、数量、推理、常識からの出題が基本です。お話の記憶では、独特の出題方法に慣れておく必要があります。そのほかの分野では、幅広い学習が求められています。

分野	書　名	価格(税抜)	注文	分野	書　名	価格(税抜)	注文
図形	Ｊr・ウォッチャー3「パズル」	1,500円	冊	図形	Ｊr・ウォッチャー46「回転図形」	1,500円	冊
図形	Ｊr・ウォッチャー4「同図形探し」	1,500円	冊	図形	Ｊr・ウォッチャー47「座標の移動」	1,500円	冊
図形	Ｊr・ウォッチャー5「回転・展開」	1,500円	冊	図形	Ｊr・ウォッチャー48「鏡図形」	1,500円	冊
推理	Ｊr・ウォッチャー6「系列」	1,500円	冊	巧緻性	Ｊr・ウォッチャー51「運筆①」	1,500円	冊
常識	Ｊr・ウォッチャー11「いろいろな仲間」	1,500円	冊	巧緻性	Ｊr・ウォッチャー52「運筆②」	1,500円	冊
常識	Ｊr・ウォッチャー12「日常生活」	1,500円	冊	図形	Ｊr・ウォッチャー54「図形の構成」	1,500円	冊
常識	Ｊr・ウォッチャー27「理科」	1,500円	冊	常識	Ｊr・ウォッチャー55「理科②」	1,500円	冊
行動観察	Ｊr・ウォッチャー29「行動観察」	1,500円	冊	常識	Ｊr・ウォッチャー56「マナーとルール」	1,500円	冊
推理	Ｊr・ウォッチャー33「シーソー」	1,500円	冊		お話の記憶問題集 初級編	2,600円	冊
常識	Ｊr・ウォッチャー34「季節」	1,500円	冊		お話の記憶問題集 中級編	2,000円	冊
数量	Ｊr・ウォッチャー36「同数発見」	1,500円	冊		お話の記憶問題集 上級編	2,000円	冊
数量	Ｊr・ウォッチャー37「選んで数える」	1,500円	冊		1話5分の読み聞かせお話集①②	1,800円	各　冊
数量	Ｊr・ウォッチャー42「一対多の対応」	1,500円	冊		新 個別テスト・口頭試問問題集	2,500円	冊

合計	冊	円

(フリガナ) 氏　名	電　話 ＦＡＸ E-mail
住 所 〒　　　－	以前にご注文されたことはございますか。 有　・　無

★お近くの書店、または記載の電話・FAX・ホームページにてご注文をお受けしております。
電話：03-5261-8951　FAX：03-5261-8953　代金は書籍合計金額＋送料がかかります。
※なお、落丁・乱丁以外の理由による商品の返品・交換には応じかねます。

★ご記入頂いた個人に関する情報は、当社にて厳重に管理致します。なお、ご購入の商品発送の他に、当社発行の書籍案内、書籍に関する調査に使用させて頂く場合がございますので、予めご了承ください。

日本学習図書株式会社
http://www.nichigaku.jp

〈広島大学附属東雲小学校〉

◎学習効果を上げるため、前掲の「家庭学習ガイド」をお読みになり、各校が実施する入試の出題傾向をよく把握した上で問題に取り組んでください。

※冒頭の「本書ご使用方法」「本書ご使用にあたっての注意点」も併せてご覧ください。

2021年度の最新問題

問題24　分野：お話の記憶（男子）

〈準備〉　鉛筆

〈問題〉　（問題の絵はお話を読み終わってから渡す）
お話をよく聞いて、後の質問に答えてください。
タヌキさんとキツネさんとウサギさんが仲良く本を読んでいると、眠くなってしまいました。夢の中の不思議な島で遊んでいると、３匹は、白いひらひらしたものが飛んでいるのを見かけました。しばらくすると、空が段々と暗くなってきました。木の下の近くでクマさんが、「お友だちがいないよ。エーンエーン」と泣いているのが、見えました。３匹がクマさんのところへ行って、「友達になろう」と声を掛けると、曇っていた空が晴れました。４匹は、仲良く遊びました。

①お話に出てきたものに○をつけてください。
②クマさんは木の下でどんな顔をしていましたか。△をつけてください。
③お話の最後に天気はどうなりましたか。○をつけてください。

〈時間〉　各15秒

問題25　分野：お話の記憶（女子）

〈準備〉　鉛筆

〈問題〉　（問題の絵はお話を読み終わってから渡す）
お話をよく聞いて、後の質問に答えてください。
ある日、さっちゃんは、おばあちゃんの家へ手紙を届けに行くことになりました。おばあちゃんの家までは、電車に乗って行くことにしました。さっちゃんが電車に乗ると、１つ席が空いていました。その席に座っていると、２つ目の駅で大きなリュックサックを背負い、杖を突いたおばあさんが乗ってきました。もう１つ別に空いている席がありましたが、そのうちに、傘を持ったお姉さんが座ってしまいました。空いている席がなくなったので、さっちゃんはおばあさんに席を譲ろうと思いましたが、恥ずかしくて声を掛けられませんでした。電車が動き出すと、おばあさんは転びそうになりました。さっちゃんは、勇気を出しておばあさんに席を譲ることにしました。さっちゃんは、「どうぞ」と言って、席を譲りました。おばあさんは席に座った後、「ありがとう」と言いました。さっちゃんは、うれしくなりました。さっちゃんは、３つ目の駅で電車を降りました。電車を降りると、目の前にケーキ屋さんがありました。ブドウのケーキやリンゴのケーキがたくさん売られていて、とても美味しそうでした。ケーキ屋さんを通りすぎると、おばあちゃんの家に着きました

①お話の季節と同じ季節の絵に△をつけてください。
②おばあさんが持っていたものに○をつけてください。
③さっちゃんがおばあさんに席を譲った時の顔に○をつけてください。

〈時間〉　各15秒

問題26　分野：図形（回転図形）（男子・女子）

〈準備〉　あらかじめ問題26-1の上部にある絵（◯などの記号の書かれた四角）を枠線に沿って切り抜いておく。

〈問題〉　①（準備したカードと26-1の絵を渡して）左の絵が回って右の絵のようになりました。◯や△のカードはどこにどのように入りますか。カードを置いてください。
②（準備したカードと問題26-2の絵を渡して）同じようにこの絵にもカードをおいてください。

〈時間〉　①30秒　②1分

問題27　分野：運動（男子・女子）

〈準備〉　ビニールテープ（赤）
問題27の絵を参照してビニールテープを床に貼っておく。

〈問題〉　**この問題は絵を参考にしてください。**
①赤い◯を両足跳びで進んでください。
②橋（ビールテープで設置）を渡ってください。途中で「止まれ」と言ったら止まってください。

問題28　分野：行動観察（男子・女子）

〈準備〉　バイオリン曲の音源と再生機器、マット

〈問題〉　**この問題の絵はありません。**
①（音源を再生して）先生のお手本を見ながら真似をして踊ってください。
②（音源を再生して）自由に踊ってください

〈時間〉　各１分

問題２４

問題２５

☆広島大学附属東雲小学校

問題26－1

①

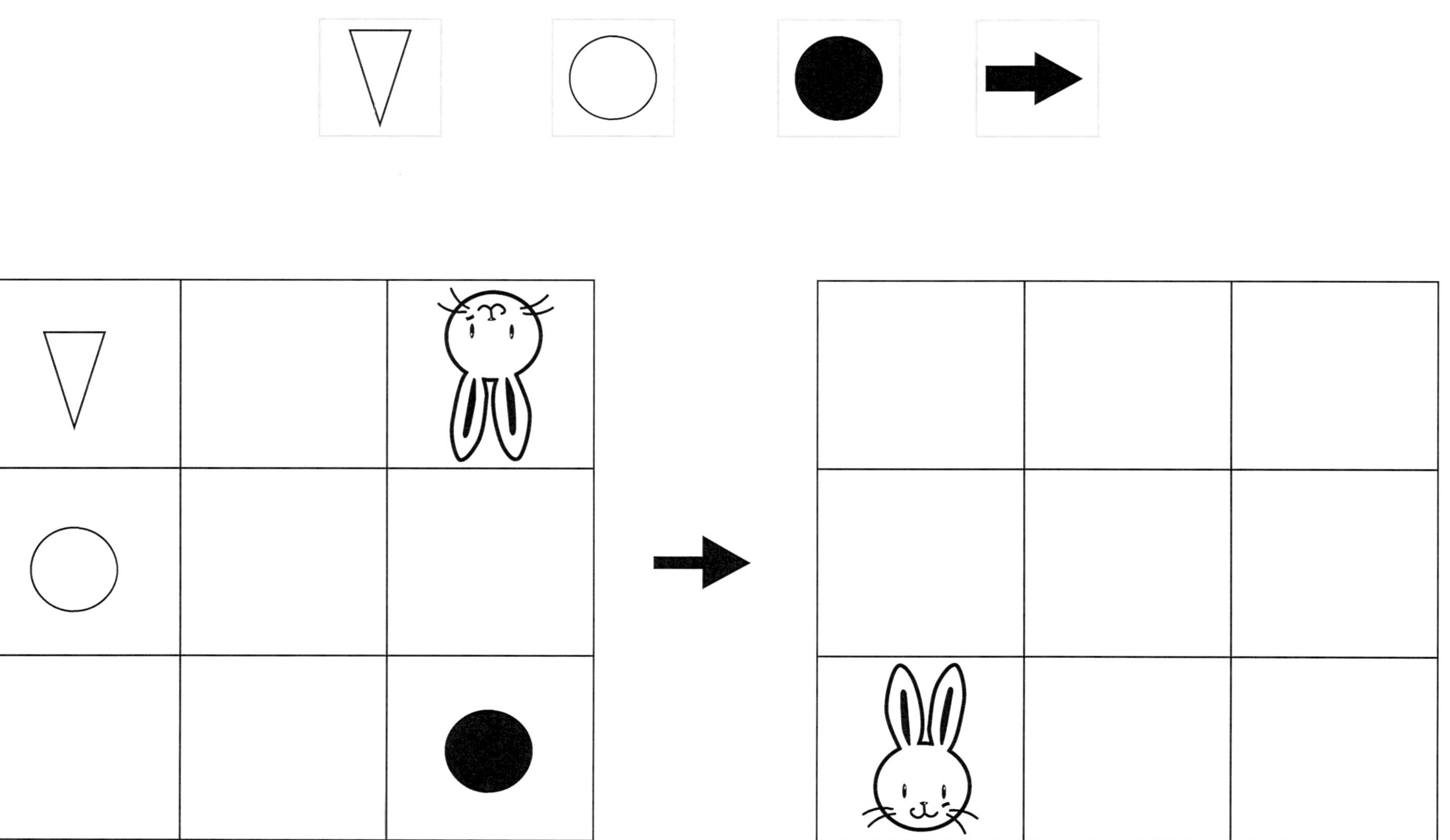

問題26－2

②

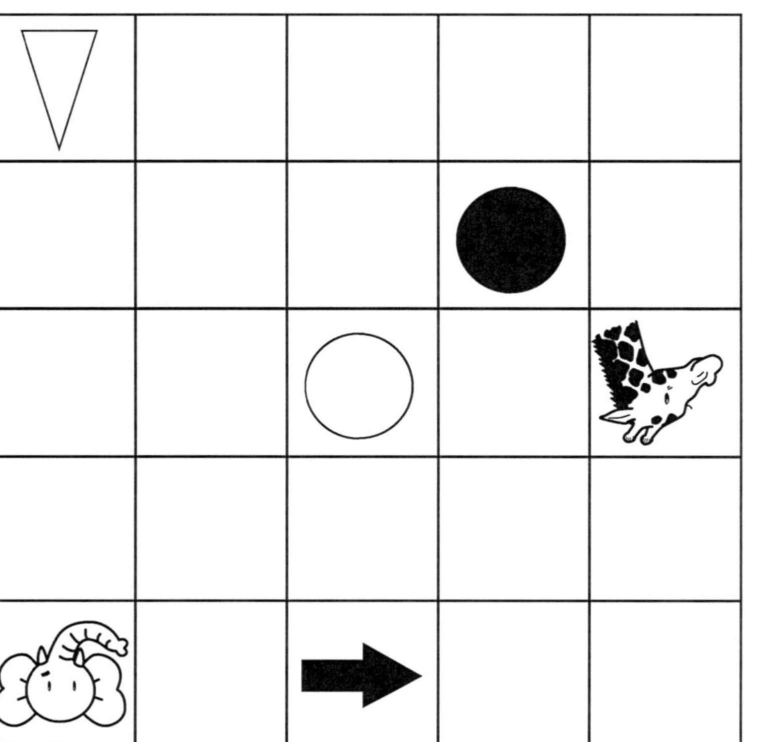

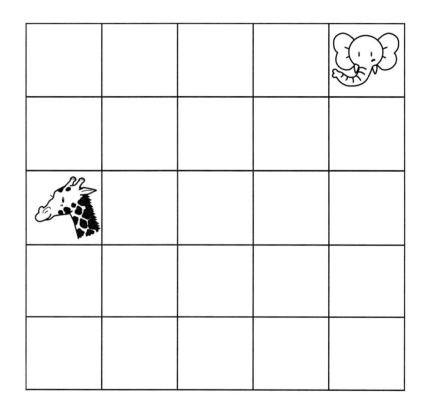

問題２７

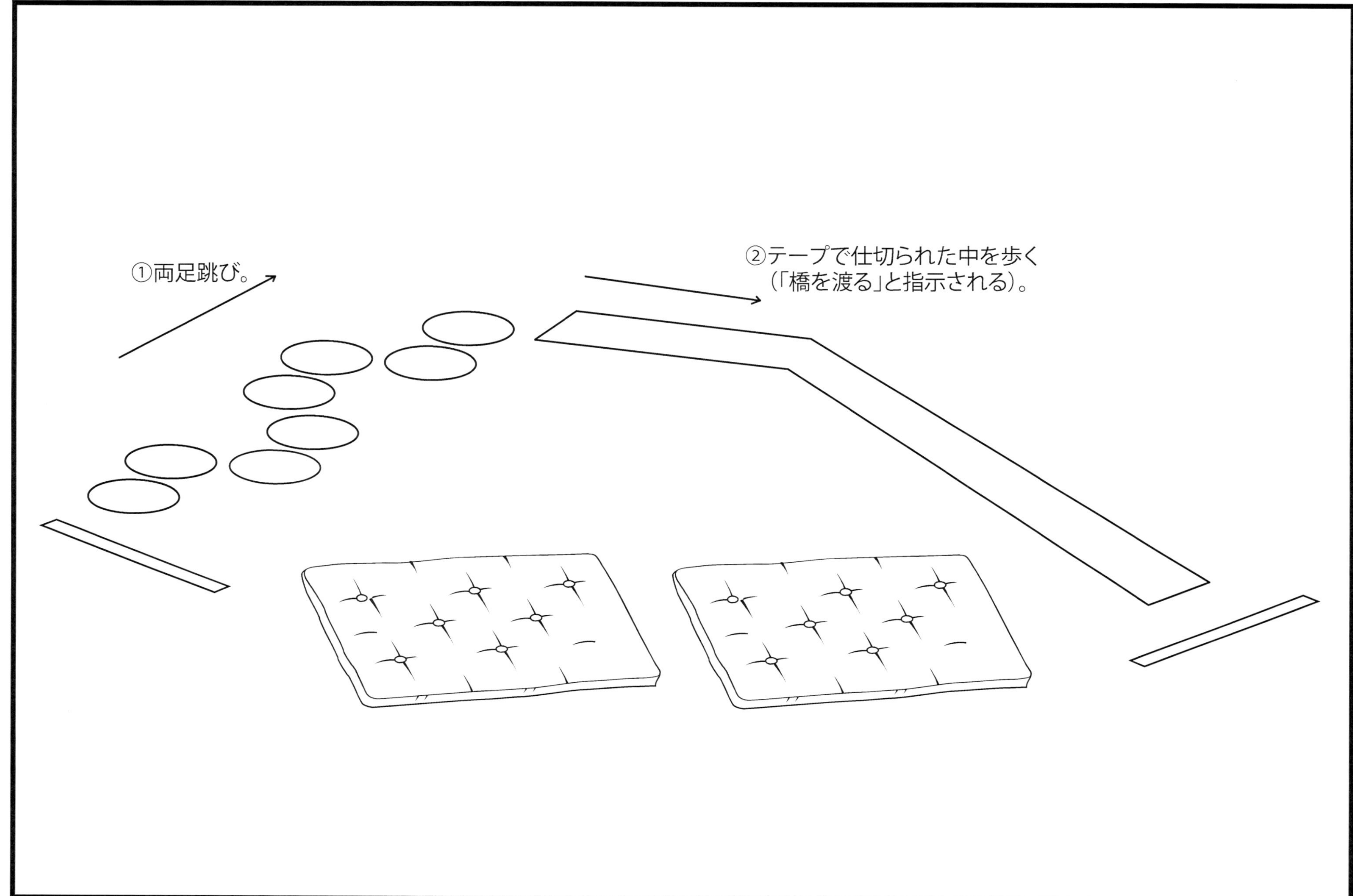
①両足跳び。
②テープで仕切られた中を歩く
（「橋を渡る」と指示される）。

2021年度入試
解答例・学習アドバイス

解答例では、制作・巧緻性・行動観察・運動といった分野の問題の答えは省略されています。こうした問題では、各問のアドバイスを参照し、保護者の方がお子さまの答えを判断してください。

問題24　分野：お話の記憶（男子）

〈解答〉　①（左から）チョウ、タヌキ、キツネ　②右から２番目　③右端

基礎というか初歩的な問題なので、確実に正解しておかないと合格できない問題です。注意するとすれば、①のように複数の答えがある設問ですが、これに気付かないとすれば、お話を聞くことに慣れていないとしか言いようがありません。とりあえずは読み聞かせを習慣にすることをおすすめします。当校の入試は全体を通してそういう傾向ですが、よほど準備をしていないお子さまや家庭ぐらいしか、間違いようのない問題が出題されています。合格の意欲を見せるなら全問正解を目指したいところです。

【おすすめ問題集】
1話5分の読み聞かせお話集①・②、お話の記憶問題集 初級編・中級編、
Ｊｒ・ウォッチャー19「お話の記憶」

問題25　分野：お話の記憶（女子）

〈解答〉　①△：（左から）サツマイモ、月見　②○：（左から）リュックサック、杖
③左から２番目

男子よりは難しい問題とは言え、やはり基礎問題なのでケアレスミスは禁物です。間違えてしまった時は、その原因がどこにあるのかを突き止めておきましょう。お話の覚え方が間違っているのなら、内容の整理の仕方を教え、注目するべきポイントを教える。ケアレスミスが多いのなら、問題の聞き方や答え方に注意して聞き取ることを教える、といったことです。なお、できた時には必ずほめるようにしてください。この年頃のお子さまの学習意欲というのはそこからしか出てこないものです。

【おすすめ問題集】
1話5分の読み聞かせお話集①・②、お話の記憶問題集 初級編・中級編、
Ｊｒ・ウォッチャー19「お話の記憶」

問題26　分野：図形（回転図形）（男子・女子）

〈解答〉　下図参照

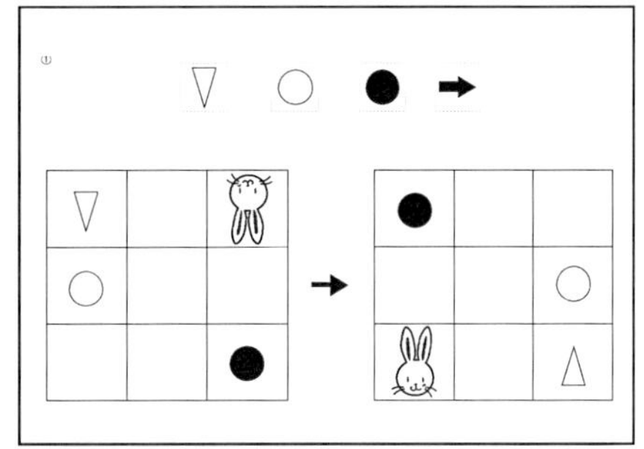
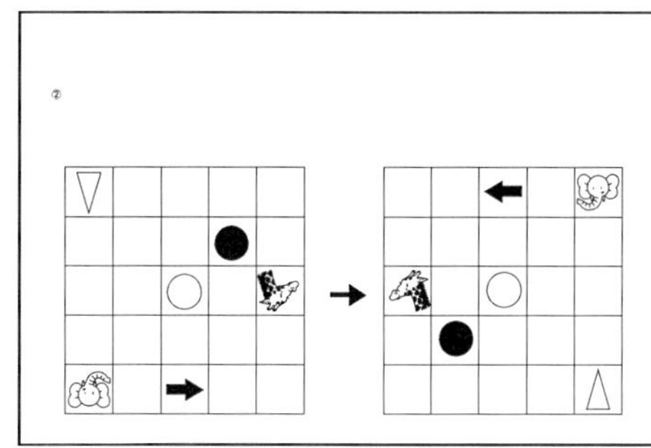

お子さまが戸惑うようなら、①は例題として、「こうなる」と保護者の方が見本を見せ、②の問題だけをやってみてください。この問題の難しいところは、「回転すると記号はどうなるか」というところです。実物があるのでそれぐらいは理解できるでしょう。もちろん、ペーパー問題よりは実際にカードを触りながら考えるのでわかりやすいのですが、こうした問題に慣れていないと戸惑うかもしれません。従来はこうした要素のない、運筆や制作に近いことが行われていましたが、本年度はペーパーに近い内容でした。こうした問題もあるので、当校でも広い分野の基礎学習は必要ということになります。

【おすすめ問題集】
Ｊｒ・ウォッチャー46「回転図形」

問題27　分野：運動（男子・女子）

従来は、平均台などを使ったドンじゃんけんといった、ゲームの要素もあるグループの運動を行っていましたが、接触がなく、声もあまり出さないような形に変更されています。本年度限りのものかもしれませんが、参考にしておいてください。どちらにせよ、当校の運動の課題は、運動能力を試すようなものではなく、指示を理解して動けば問題のないものなので、下手に目立とうとせず、年齢なりに元気で積極的に動ければそれでよしとしてください。よほどのことをしない限りは悪く評価はされないでしょう。

【おすすめ問題集】
新運動テスト問題集、Ｊｒ・ウォッチャー28「運動」

問題28　分野：行動観察（男子・女子）

前問に引き続いて行われたのがこの行動観察です。内容的には「まねをして踊る」「自由に踊る」というものなので、特に準備は必要ないでしょう。そういうものが苦手なお子さまなら練習しておいてよいでしょうが、踊りがうまいといっても特に評価には影響しないので気にしなくてよいのではないでしょうか。指示らしい指示もないのでふだんどおりに行動してください。もちろん、年齢なりの積極性や素直さが評価されるのはほかの課題と同じです。変わったことをする必要もありません。

【おすすめ問題集】

新運動テスト問題集、Ｊｒ・29「行動観察」

2020年度以前の問題

問題29　分野：お話の記憶（男子）

〈準備〉　鉛筆、クーピーペン（黄緑）

〈問題〉　（問題の絵はお話を読み終わってから渡す）
お話をよく聞いて、後の質問に答えてください。
オタマジャクシの兄弟は池に住んでいました。オタマジャクシのお兄ちゃんには、夢があります。弟が「どんな夢なの」と聞くと、「ぼく、カエルになりたいなあ。もしも、カエルになったら、人間の世界へ行って、旅をしたいなあ」と言ったので、「カエルになるのが楽しみだね」と弟は答えました。お兄ちゃんは、やっとカエルになりました。旅に出るお兄ちゃんに、「お兄ちゃん、旅から帰ってきたら、どんな世界だったか詳しく教えてね」と言って、送り出しました。「ミーン、ミーン」とセミが鳴いている季節に、お兄ちゃんは旅から帰ってきました。人間の世界での旅の話をしてくれました。「見たことのないものがいっぱいあったよ。４つのタイヤですごいスピードで走るものがあって、それを人間は車って言ってたんだよ。宇宙まで届きそうな高い建物があって、それを人間はビルって言ってたよ。ほかに、赤・黄・緑に変わるものもあったよ」と教えてくれました。いつの間にかそのお話を、外からトンボやチョウチョがいっしょに聞いていました。お兄ちゃんカエルは、「いつかぼくみたいに、人間の世界を見てきたら？」と言いました。

①お兄ちゃんが見た、４つのタイヤですごい速さで走るものは何ですか。鉛筆で○をつけてください。
②お兄ちゃんが帰ってきた時の季節の絵に、鉛筆で○をつけてください。
③お話の中に出てこなかった生きものに、黄緑色の△をつけてください。

〈時間〉　各15秒

〈解答〉　①○：左から２番目（車）　②○：右端（夏）
③△：左から２番目（カマキリ）、右端（バッタ）

［2020年度出題］

学習のポイント

短いお話で、登場人物も少ないですが、直接的な答えがお話に出てこないので、「誰が何をした」というところだけを意識して聞いていると、答えに詰まってしまうかもしれません。また、当校のお話の記憶では、①のように、「車」を「４つのタイヤですごいスピードで走るもの」と表現するような問題が多く出されているので、ものの特徴を的確にとらえる力も必要となります。こうした力を養うために、なぞなぞ的な形式で取り組んでみるのもよいかもしれません。一見簡単そうに見えますが、少しひねりのある出題方法なので、充分に慣れておくことが大切です。また、③の「出てこなかった」というような、否定形での出題は、お子さまには難しく感じられるということを覚えておいてください。

【おすすめ問題集】
１話５分の読み聞かせお話集①・②、お話の記憶問題集 初級編・中級編、
Ｊｒ・ウォッチャー19「お話の記憶」

問題30　分野：お話の記憶（女子）

〈準備〉　鉛筆、クーピーペン（黄緑）

〈問題〉　（問題の絵はお話を読み終わってから渡す）
お話をよく聞いて、後の質問に答えてください。
今日は、いい天気。お姉ちゃんのゆめちゃんと弟のけんくんは、公園に行って遊ぶことにしました。公園に着くと、２人は砂場に行きました。持ってきたじょうろで水をまいて、準備をします。ゆめちゃんは、プリンカップのバケツの中に、スコップで茶色い砂と白い砂を入れて、プリンを作りました。けんくんは、茶色い砂をたくさん集めて丸め、白い砂をかけて、きれいな泥だんごを作りました。それを見たゆめちゃんは、「いいな。その泥だんご、私にも作って」と言いました。けんくんは、「じゃあ、そのプリンちょうだい」と言いました。ゆめちゃんが、「いいよ」と言ったので、けんくんは、もう１つ泥だんごを作りました。「できたよ、はい」と、ゆめちゃんに渡そうとしたとき、手から泥だんごが転がり落ちて、穴の中に入ってしまいました。「この穴、掘ったの誰だ」と、けんくんが言うと、「私じゃないよ」と、ゆめちゃんが言いました。その時、強い風が吹いたので、けんくんはバランスを崩して穴の中に落ちてしまいました。そこには、泥だんごを持ったモグラがいました。「これ、君のかい」と、モグラがけんくんに聞きました。けんくんがうなずくと、「アリクイさんとミミズさんにも見せたいから、この泥だんごちょうだい」と、モグラが言ったので、「うん、いいよ」と答えました。「ありがとう！　その代わりに、このきれいな丸いものをあげるよ」と言って、けんくんに渡しました。「きらきら光っていて、きれいでしょう」と、モグラが言うと、また、強い風が吹いてきたので、けんくんは目を閉じました。目を開けると、元の場所に戻っていました。ゆめちゃんは、先に帰ってしまったようです。けんくんは、遊んだ道具を持って、家に帰ることにしました。その途中で、買い物帰りのお母さんに出会いました。お母さんは、けんくんの姿を見て、「まあ！どろんこよ！」と言いました。「先に帰って、着替えるよ」と言って、走って帰ろうとしたとき、モグラからもらったものを落としました。お母さんが、「ちょっと待って」と言って、それを拾いました。「あら！これ、お母さんが子どもの頃になくしたものだわ。どうしてこんなところにあるのかしら」とたずねると、けんくんは、「ひみつ」と答えました。

①２人が作ったものに、黄緑色の○をつけてください。
②２人が砂場で使った道具に、黄緑色の○をつけてください。
③けんくんが穴に落ちて出会ったものに、黄緑色の△をつけてください。
④お母さんが子どもの頃になくしたものに、鉛筆で△をつけてください。

〈時間〉　各15秒

〈解答〉　①○：左端（泥だんご）、左から２番目（砂のプリン）
②○：左から２番目（スコップ）、右から２番目（じょうろ）
③△：右から２番目（モグラ）　④△：右端（ビー玉）

［2020年度出題］

お話は男子よりも長いですが、問題は女子の方が簡単になっています。④以外は、答えがお話に出てくるものですし、④にしても質問されるだろうと想像できるものなので、確実に正解しておきたい問題です。ただ、当校の特徴的な解答方法でもある、「筆記用具」と「記号」の使い分けには注意しておいてください。①②が同じで、③で記号が変わり、④で筆記用具が変わります。答えが合っていたとしても、この指示通りに解答できていなければ不正解になってしまいます。お話に集中しすぎて、問題の指示を聞き逃さないように気を付けましょう。この変化のパターンはいつも同じではないので、覚えても意味はありません。しっかり聞くことを心がけてください。

【おすすめ問題集】
1話5分の読み聞かせお話集①・②、お話の記憶問題集 初級編・中級編、
Ｊｒ・ウォッチャー19「お話の記憶」

問題31　分野：指示行動

〈準備〉　問題31－1、31－2の星を銀色に、ハートを桃色に塗っておく。問題31－2は形に沿って切り抜いておく。Ａ４サイズの紙を用意し台紙にする。

〈問題〉　お手本と同じになるように、飾り付けをしてください。

〈時間〉　30秒

〈解答〉　省略

[2020年度出題]

学習のポイント

巧緻性のように見えますが、指示行動の課題です。ここで差が付くことはないと思うので、難しく考えずに課題に臨めばよいのではないでしょうか。複雑な指示も考えさせるような仕掛けもないので、ウォーミングアップ的な位置付けなのではないかと考えられます。ただ、指示を守るということは徹底してください。「お手本と同じになるように」と指示されているので、同じ飾り付けをしましょう。余計なことをしてはいけません。本問で加点評価をされることはないと思いますが、減点になることはありえますので、指示通りを意識して取り組んでください。

【おすすめ問題集】
Ｊｒ・ウォッチャー29「行動観察」

問題32　分野：行動観察（生活）

〈準 備〉　①なわとび、帽子、本、道具箱
②フェルトボール（３個）、箸（子ども用）、蓋のついた箱、風呂敷

〈問 題〉　**この問題の絵はありません。**
①片付け（男子）
（準備したものを机の上に置いておく）
机の上のものを道具箱に片付けてください。

②箸使い、風呂敷包み（女子）
フェルトボールを、箸で箱の中へ入れてください。入れ終わったら、箱に蓋をして、風呂敷で包みましょう。

〈時 間〉　①30秒　②30秒（箸使い）、90秒（風呂敷包み）

〈解 答〉　省略

［2020年度出題］

学習のポイント

生活巧緻性の問題ですが、具体的な指示がある女子と大まかな指示しかない男子というように、出題のされ方が異なっています。女子の場合は、指示をしっかり聞けるか、男子の場合は、自分で考えて行動できるかというところが観られています。女子の風呂敷包みはやったことがなければ、悩んでしまうかもしれません。そもそも、家に風呂敷がある方が少なくなってきているのではないでしょうか。要領としてはお弁当を包むことをイメージして行ってください。それを一回り大きくした形がこの課題です。小学校受験では、少し前には当たり前にあったもの（ほうき、雑巾など）を使う課題がよく出されます。保護者の方でも馴染みがなくなっているものも多いので、意識して知識を身に付けるようにしましょう。

【おすすめ問題集】
Ｊｒ・ウォッチャー25「生活巧緻性」、29「行動観察」

問題33　分野：行動観察（ゲーム）

〈準 備〉　将棋の駒、将棋盤

〈問 題〉　**この問題の絵はありません。**
（２つのグループに分かれて競争する）
将棋の駒を音を立てずに、取ってください。
（終わった後）
やってみてどうでしたか。

〈時 間〉　１分

〈解 答〉　省略

［2020年度出題］

いわゆる将棋崩しです。と言っても、お子さまには何のことだかわからないかもしれません。簡単に説明すると、将棋の駒を山積みにして、音を立てないようにそっと取っていくゲームです。言葉ではよくわからないかもしれないので、実際にやってみるのが１番よいのですが、家に将棋あるでしょうか……。もし、ないようでしたら、ネットで動画を見るなどして、こういうものだということを理解しておくとよいでしょう。とは言っても、本問の観点は、ゲームの中身や勝敗ではありません。ルールを理解して、ゲームができるかという点がポイントです。終わった後の質問では、どう楽しかったのか、どう難しかったのかなど、こういう理由で〇〇だったという説明ができるようにしておきましょう。

【おすすめ問題集】

Ｊｒ・ウォッチャー29「行動観察」、新口頭試問・個別テスト問題集

問題34　分野：運動

〈準備〉　ドッジボール、カラーコーン、タンバリン、カスタネットなど

〈問題〉　**この問題は絵は縦に使用にしてください。**

①的あて
ボールを的に当てて、バウンドしたボールをキャッチしてください。
「やめ」というまで続けましょう。

②カラーコーン・タッチ
（はじめに手本を見せる。できるだけ低い姿勢でツーステップで進む。タッチする手はどちらでも可）
赤色の輪からスタートして、テープをジグザグに進んでください。できるだけ早くしましょう。

③スキップ
はじめのコーンから最後のコーンまでスキップでコーンの間を通ってください。途中、コーンがないところも、コーンがあるところと同じようにスキップしましょう。

④リズム体操
（「バン、バン、バン」というタンバリンの音や「タン、タタタン」というカスタネットの音が流れる）
リズムに合わせて、自由に踊ってください。

〈時間〉　①30秒　②20秒　③20秒　④30秒

〈解答〉　省略

［2020年度出題］

学習のポイント

当校の運動課題は、難しいものではありません。年齢相応の経験があればできるものなので、特別な対策は必要ないでしょう。運動課題なので、運動能力を観るという部分が全くないとは言えませんが、基本的には指示行動の延長線上にあります。課題ができるかできないかということより、指示が守れているかどうかの方が重要です。速くやろうとして雑になってしまったり、指示を守らなかったりということが、運動ではよくあります。運動が得意なお子さまには簡単すぎる課題で、軽く流してしまうようなこともあります。こうしたことは、決定的なマイナス評価になってしまうので注意しましょう。できるできないに関わらず、指示を守って一生懸命取り組むことが、運動では大切なポイントです。

【おすすめ問題集】
新運動テスト問題集、Ｊｒ・ウォッチャー28「運動」

問題35　分野：お話の記憶（男子）

〈準備〉　鉛筆、クーピーペン（黄緑）

〈問題〉　（問題の絵はお話を読み終わってから渡す）
お話をよく聞いて、後の質問に答えてください。
今日、花子さんは、お父さんとお母さんといっしょに動物園に行きました。天気は晴れでした。みんなで元気よく、車に乗って出かけました。動物園に着いて、最初にピンクの鳥を見ました。お父さんが、「あの鳥が１本足で立っているのは、１本ずつ休憩させるためだよ」と教えてくれました。次に、羽をきれいに広げている鳥を見ました。お母さんは、「まあきれい。羽に宝石がいっぱい付いているみたいだわ」と言いました。また少し歩いて行くと、遊ぶことのできる広場があって、たくさんの遊具がありました。ジャングルジムで、同じ幼稚園の太郎くんが手を振っていました。太郎くんは、ジャングルジムを降りて花子さんのところまで来て、「ねえ、あっちへ行こう。ゾウがいるよ」と言って、花子さんの手を引っ張りました。２人がゾウを見ていると、花子さんのお父さんとお母さんも来ました。太郎くんが、「見て、首の長い動物がいるよ」と、花子さんに言いました。そして、みんなで太郎くんが指さしている方を見ました。花子さんが、「あの動物の背中に乗ったら気持ちいいだろうな」と言うと、お父さんが、「ゾウに乗っている人は見たことあるけど、あの動物の背中に乗っている人は見たことないな」と、笑って言いました。花子さんは、「この動物園で、１番重いのはゾウだけど、１番首が長いのはキリンだね」と言いました。

①太郎くんが、遊んでいたものに、鉛筆で○をつけてください。
②動物園で、花子さんが見た鳥に、鉛筆で○をつけてください。
③花子さんが背中に乗ってみたいと言った動物に、クーピーペンで△をつけてください。

〈時間〉　各15秒

〈解答〉　①○：左端（ジャングルジム）
②○：左から２番目（クジャク）、右端（フラミンゴ）
③△：左端（キリン）

［2019年度出題］

学習のポイント

男子に出題されたお話の記憶の問題です。お話の長さや質問の数は例年と変わりありません。質問の内容についても、お話の中に出てきたものがそのまま聞かれているので、難しさも例年通りと言えます。また、前年のお話にはなかった、登場する生きものの名前を言わずに、その特徴を説明する表現が、本年度は再度扱われています。例えばフラミンゴを「ピンクの鳥」「１本足で立っている」といった表し方です。ほかにもクジャク、キリンが同様に説明されていますが、どれもお子さまがよく知っているものばかりです。このような表現に対応するためには、さまざまなものの特徴を理解し、その特徴からものを思い浮かべられるような練習が必要です。例えば、「白くて跳ねる生きもの」からウサギを、「黄色い大きな花」からヒマワリを思い浮かべる感じです。ふだんの練習に出てきた生きものなどの特徴を言葉にして、特徴からものを連想する練習をしていくとよいでしょう。

【おすすめ問題集】

１話５分の読み聞かせお話集①・②、お話の記憶問題集 初級編・中級編、
Ｊｒ・ウォッチャー11「いろいろな仲間」、19「お話の記憶」

問題36　分野：お話の記憶（女子）

〈準備〉　鉛筆、クーピーペン（黄緑）

〈問題〉　（問題の絵はお話を読み終わってから渡す）
お話をよく聞いて、後の質問に答えてください。
まいちゃんは、幼稚園の遠足で海に行きました。砂浜にはたくさんの岩があって、びっくりしました。まいちゃんは近くに落ちていた木の枝で、岩の中を触ってみました。すると、ハサミのある小さな生きものが出てきました。急いで捕まえようとすると、さっと岩の奥に、隠れてしまいました。近くで遊んでいたお友だちのたかしくんが、まいちゃんを呼びました。まいちゃんが、たかしくんのところへ行くと、海の潮だまりにたくさんの魚が泳いでいました。たかしくんが、水をすくって捕まえようとすると、魚たちは泳いで逃げてしまいました。たかしくんは、１匹も捕まえることができませんでした。とても悲しそうでした。しばらくすると、２人のところへ、まいちゃんの妹が貝殻を持ってやって来ました。砂浜で貝殻拾いをしていたようです。まいちゃんの妹が、「この貝殻が好き。だってカスタネットみたいだから。この貝殻も好き。だってソフトクリームみたいだから」と言いました。まいちゃんは、「だって食いしん坊だもんね」と言いました。

①岩の中にいた生きものに、鉛筆で○をつけてください。
②まいちゃんがたかしくんに呼ばれて見たものに、鉛筆で○をつけてください。
③まいちゃんの妹が持って来たものに、クーピーペンで△をつけてください。

〈時間〉　各15秒

〈解答〉　①○：左から２番目（カニ）　②○：右から２番目（魚）
③△：左端、右から２番目

［2019年度出題］

学習のポイント

女子に出題されたお話の記憶の問題です。お話の長さや難しさ、質問の特徴などは男子とほぼ同じです。400字程度のお話ならば、ストーリーを把握し、細かい描写についても覚えられるようにしてください。ふだんの練習で、「どんなお話だったのか」「誰が、何をしたのか」「何が出てきたのか」という点を中心に、覚えたお話からの聞き取りをするとよいでしょう。当校のお話の記憶の問題で、気を付けなければならないのは解答方法です。①②は鉛筆で○をつけて答えますが、③では「クーピーペンで△をつける」という解答方法に変わっています。筆記用具と解答する記号の両方を変えなければならない点に注意してください。筆記用具が変わることをあらかじめ知っていると、試験の場で慌てないかもしれません。とにかく「指示を最後まで聞き取る」ことがこういった問題では大切ですから、その点は徹底させるようにしてください。

【おすすめ問題集】
1話5分の読み聞かせお話集①・②、お話の記憶問題集 初級編・中級編、
Jr・ウォッチャー11「いろいろな仲間」、19「お話の記憶」

問題37 分野：推理（立体の配置）

〈準備〉 問題37-3の絵を切り取り、組み合わせてサイコロを作っておく。

〈問題〉 （問題37-4の絵を渡し、問題37-1の絵を見せる。
①お手本と同じように、サイコロを置いてください。
（並べ終わったら、問題37-2の絵を見せる）
②お手本と同じように、サイコロを置いてください。

〈時間〉 各1分

〈解答〉 省略

［2019年度出題］

学習のポイント

記号が書かれたサイコロを、見本と同じようにマス目の上に配置する問題です。サイコロをどの向きで配置すれば、見本と同じようになるかを考える必要があります。ただ、実際の試験では、サイコロ（積み木）とマス目が描かれたシートを使い、手で動かしながら解答することができるので、考えやすい問題と言えます。サイコロの正面と左側面を、見本と同じ記号の面が見えるように配置すれば、結果的に上の面も見本と一致します。その際に、「正面が◎の時、横は～と～、上は～」というように、サイコロのそれぞれの面に書かれている記号の位置関係を把握できていると、サイコロの向きを確認する時間を短縮できます。このような立体の形や位置を把握する感覚は、実物を手にし、類題に多く取り組むことで身に付きます。学習だけでなく、ふだんの遊びの中にも積み木や立体のパズルなどを取り入れ、楽しみながらこうした立体図形に接する機会を増やしていきましょう。

【おすすめ問題集】
Jr・ウォッチャー3「パズル」、16「積み木」、「四方からの観察　積み木編」

問題38　分野：行動観察・口頭試問

〈準 備〉　空き缶（同じ高さのもの、20個程度）、カゴ

〈問 題〉　**この問題は絵を参考にしてください。**

①缶積み
（３～５人のグループを２組作る）
チームで缶をできるだけ高く積みます。はじめに、缶を１人１個ずつ持ち、先生の「用意、はじめ」の合図で、台の上に缶を積みます。ただし、缶を手で支えてはいけません。
缶を積んだら、カゴの中から次の缶を取ってください。
先生が「やめ」というまで続けてください。

②口頭試問
缶積みをして、どんな気持ちになりましたか。近くに立っている先生に、話してください。

〈時 間〉　①２分　②適宜

〈解 答〉　省略

[2019年度出題]

学習のポイント

行動観察では、グループで１つの課題に取り組みます。テスターからの説明を聞いた後、すぐに課題が始まるので、グループの仲間同士での相談タイムはありません。課題を進めながら、お互いに話し合ったり、譲り合ったりして、課題を円滑に進められるかどうかが観られています。このような課題では、開始の指示があると、志願者のそれぞれが「指示をしっかりと守って」課題に取り組もうとすることがあります。そうすると、全員が無言のまま、上手に缶が積み上げられてしまうという結果になることも、メンバー次第で起こる可能性があります。しかし、このような状況のまま課題を進めても、よい評価につながるとは考えられません。協調性が必要な課題では、何か一言お友だちに声をかけると、円滑に進めるためのきっかけが作れることがあります。例えば、「この缶、下に置くね」「この缶、ここに置いてもいいかな」などの言葉で充分です。誰か１人が声を出すと、ほかのお友だちも声を出しやすくなります。課題はそれほど難しいものではないからこそ、コミュニケーションを取ることを大切にして課題に取り組んでください。また、行動観察終了後に、簡単なヒアリングの形式の口頭試問が行われました。課題を通して思ったことを、率直に答えるだけで充分です。その際に、「ぼく」「わたし」「です」「ます」など、言葉遣いには気を付けましょう。

【おすすめ問題集】
　Ｊｒ・ウォッチャー29「行動観察」、新口頭試問・個別テスト問題集

問題39　分野：運動

〈準備〉　テニスボール、的、ペットボトル、ひも、ラップの芯、お手玉、紙皿（４枚）、箱
問題39の絵を参考にして、あらかじめ、ペットボトルとラップの芯をひもでつないでおく。

〈問題〉　**この問題は絵を参考にしてください。**
①的あて
　箱の中から、１つだけボールを取ってください。
　ボールを的に当てて、バウンドしたボールをキャッチしてください。
　「やめ」というまで、線の後ろから投げてください。

②ひもの巻き取り
　先生のお手本の通りに、棒にひもを巻きつけてください。
　※ラップの芯を回転させて、ペットボトルについたひもを巻き取る。

③お手玉置き
　先生の手本の通りに、お手玉を皿に置いてください。
　置き終わったら、箱の中に戻してください。
　※床の上の紙皿４枚に、箱の中から取り出したお手玉を１個ずつ置く。
　※箱から１個取り出し、１枚の皿に置き、枠の中に戻る。これを繰り返す。
　※置く順番は、指定されていない。

〈時間〉　①40秒　②20秒　③30秒

〈解答〉　省略

［2019年度出題］

学習のポイント

運動の課題では、昨年と同様の的あてに加えて、ひもの巻き取り、お手玉置きが行われました。跳ね返ったボールをキャッチするのは、不慣れなお子さまには難しいかもしれません。大きなボールをキャッチすることから、段階的に練習を進めておくとよいでしょう。ラップの芯を回転させてひもの巻き取ることは、大人には難しいことではありませんが、手首の使い方に少しコツが必要な作業です。似たような動きをした経験があれば、スムーズに進められるでしょう。お手玉置きは、指示通りの位置にお手玉を置く課題です。ルールを守って行動することを心がけてください。これら３つの課題は、どれも特別な準備や、高い運動能力が必要なものではありません。その分、指示を理解し、その通りに実行することが求められています。本問のような指示を、お子さまがどのくらい正確に理解して、忘れずに実行できるのかが評価と関わってきます。日々の練習の際には、複数の指示を、指示された通りに実行できるようになることを目標にするとよいでしょう。

【おすすめ問題集】
　新運動テスト問題集、Ｊｒ・ウォッチャー28「運動」

問題40　分野：生活巧緻性（男子・女子）

〈準備〉　水の入ったバケツ、雑巾（１枚）、机

〈問題〉　**この問題の絵はありません。**
雑巾を絞って、机を拭いた後、手を洗ってから干してください。

〈時間〉　２分

〈解答〉　省略

［2019年度出題］

本問は男女共通で出題されました。雑巾で机を拭く際の一連の行動を通して、入学後の生活に支障がないか、あるいは身の周りの事柄が自分でできるかを観ています。雑巾を絞る作業は、洋服の着脱などに比べると難しいと感じるかもしれません。また、ご家庭の生活スタイルによっては、実際に雑巾を使ってものを拭く機会がないかもしれませんが、作業内容にかかわらず、自分のことは自分でできるように、ご家庭で教えておいてください。また、この課題では何かに取り組む際の姿勢も観られます。何ごとにも一生懸命取り組む姿勢も、ふだんから身に付けておきましょう。なお、過去には、「パジャマをたたんで箱にしまう」という課題もありました。衣服の着脱や、ひも結び、箸使いは入試で出やすいですし、生活の上でも頻繁に使う場面がありますので、１人でできるように練習をしておいてください。

【おすすめ問題集】
　Ｊｒ・ウォッチャー25「生活巧緻性」、29「行動観察」

問題41　分野：お話の記憶（女子）

〈準備〉　鉛筆、クーピーペン（黄緑）

〈問題〉　（問題の絵はお話を読み終わってから渡す）
お話をよく聞いて、後の質問に答えてください。
今日の夕飯は、あやさんの大好きなカレーライスです。お母さんが、「あやさん、カレーを作るのに、タマネギと牛肉がないから、スーパーに行って買ってきてくれるかしら」と言ったので、「はい。行ってきます」とあやさんは返事をしました。おつかいに行く途中、隣に住んでいるおじいさんに会いました。おじいさんは、大きなイヌの散歩をしていました。「こんにちは」とあやさんがあいさつすると、「おや、こんにちは。どこかおでかけかな」とおじいさんに聞かれたので「お母さんに、おつかいを頼まれたんです」とあやさんは答えました。するとおじいさんの連れている大きなイヌが、「ワン」と大きな声で吠えました。あやさんは、その声にびっくりしてしまい、何を買うのかすっかり忘れてしまいました。しばらく歩くと、スーパーに着きました。しかし、あやさんは何を買うのか思い出せず、タマゴとニンジンを買って帰りました。家に帰ると、あやさんは元気のない声で「ただいま」と言いました。「おかえり。元気がないね。どうしたの」とお母さんが心配そうに聞きました。「おつかいに行く途中で、買うものを忘れちゃったの」とあやさんは悲しい顔をしました。お母さんはニコッと笑って、買い物袋の中を見ました。「がんばって、おつかいに行ってくれたね。ありがとう」と言って、お母さんは、あやさんの買ってきたタマゴとニンジンを使ってタマゴカレーを作ってくれました。お父さんも帰ってきたので、お母さんが作ってくれたカレーライスを３人で食べました。「おいしいでしょ」とお母さんがお父さんに言うと、「おいしいよ」と言いました。それを聞いたあやさんは、なんだかうれしくなって、またおつかいに行きたいなと思いました。

①お母さんが買ってきてと言ったものに、鉛筆で○をつけてください。
②あやさんの家の隣に住んでいる人に、鉛筆で○をつけてください。
③買い物の途中で会った動物に、黄緑色のクーピーペンで△をつけてください。
④あやさんがスーパーで買ったものに、黄緑色のクーピーペンで△をつけてください。

〈時間〉　各15秒

〈解答〉　①○：左端（タマネギ）、右から２番目（牛肉）
②○：左端（おじいさん）　③△：左端（イヌ）
④△：左端（ニンジン）、右から２番目（タマゴ）

［2018年度出題］

学習のポイント

お話の記憶の問題です。本校入試のお話の記憶では、あまり長いお話は出題されませんが、登場人物や場面転換が多い上に、持ちものや買ったものの細かい描写も多かったり、一筋縄ではいきません。多くは子どもを主人公にし、周囲の人との触れ合いをテーマにした内容のお話ですが、記憶すべきポイントが多いことも覚えておきましょう。本年は女子が「夕飯を作るためのおつかい」、男子が「おばあさんの誕生日のために兄弟でプレゼントを買いに行く」という内容になっています。いずれも、お子さまの日常生活を題材にしたもので、内容をイメージすることはそれほど難しくないかもしれません。また、それぞれの問題で、「～色のクーピーペンで、～をつけてください」と、解答の色や記号が異なっています。こうした細かい指示も聞き逃さないよう、指示は最後まで聞いてから解答する、という姿勢を身に付けておきましょう。

【おすすめ問題集】
1話5分の読み聞かせお話集①・②、お話の記憶問題集 初級編・中級編、
Ｊｒ・ウォッチャー19「お話の記憶」

問題42 分野：お話の記憶（男子）

〈準備〉 鉛筆、クーピーペン（黄緑）

〈問題〉 （問題の絵はお話を読み終わってから渡す）
お話をよく聞いて、後の質問に答えてください。
今日は、おばあさんの誕生日です。けんたくんとお兄さんは、おばあさんへのプレゼントに何を持って行くかを相談しました。「お花を持っていってあげたらどうかな」と、けんたくんが言うと、「お花よりも、甘いケーキがいいよ」と、お兄さんが言いました。２人はじゃんけんをして、お兄さんが勝ったので、お兄さんの言ったものを持って行くことにしました。ケーキ屋さんに入ると、たくさんの美味しそうなケーキが並んでいました。「どのケーキが好きかな」と、お兄さんが迷っていたので、「おばあさんは、イチゴが好きだから、イチゴのケーキにしよう」と、けんたくんが言いました。お店の人に、ケーキを箱に入れてもらい、２人は海の近くにあるおばあさんの家へ向かいました。しばらく歩くと、おばあさんの畑が見えてきました。畑には、キャベツやトマトが育っていて、おばあさんはそこで畑仕事をしていました。けんたくんが、「おばあさん」と大きな声で呼ぶと、おばあさんが振り向きました。「よく来たね。今日はどうしたの」と、おばあさんが言いました。「お誕生日おめでとう。プレゼントにおばあさんの好きなイチゴのケーキを買ってきたよ」と、ケーキの入った箱をおばあさんに渡しました。「ありがとう。とてもうれしいよ」と、笑顔で喜んでくれました。「たくさん歩いたから、お腹がすいたでしょう。おにぎりを持って帰りなさい」と、大きなおにぎりを２つくれました。おばあさんのところから帰る途中、「天気がいいから、山へ行こうよ」と、けんたくんが言ったので、山登りをしてから帰ることにしました。２人は、山のてっぺんまで登り、おばあさんがくれたおにぎりを食べました。食べ終わると、お兄さんが、「近くまで来たから、海にも行こう」と言ったので、次は海に向かいました。海に着き、２人で貝殻探しをしました。お兄さんは、とてもきれいな貝殻を見つけたので、その貝殻を持って帰ることにしました。

①おばあさんへのプレゼントに持って行ったものに、鉛筆で○をつけてください。
②おばあさんが畑で育てていたものに、鉛筆で○をつけてください。
③おばあさんが２人にくれたものに、黄緑色で△をつけてください。
④お兄さんが海で見つけたものに、黄緑色で△をつけてください。

〈時 間〉 各15秒

〈解 答〉 ①○：右から２番目（ケーキ） ②○：左端（トマト）、右端（キャベツ）
③△：右から２番目（おにぎり） ④△：左端（貝殻）

［2018年度出題］

学習のポイント

お話の記憶の問題です。前の問題は女子、本問は男子に出題された問題です。お話の長さや難易度、傾向は、男女ともに共通していますので、基本的な対策方法も同じで構いません。お話の記憶の問題に取り組む際には、場面を想像しながら聞くことが大切です。お話の場面が思い浮かべられるように、「誰が」「いつ」「何をした」といった点に注意して聞くように指導しましょう。その３点を把握していると、情報を頭の中で整理することができ、本問でいえば「プレゼントの種類」や「畑で作っていたもの」などの細部の部分も落ち着いて聞き取れるようになります。ふだんの読み聞かせの際に、前もって上記のポイントを聞き取るように言っておき、読み終わった後で、お話の内容に関する質問をいくつかしてみましょう。お子さまの理解度を確認できるとともに、ポイントをおさえて聞く方法を身に付けることができます。

【おすすめ問題集】
1話5分の読み聞かせお話集①・②、お話の記憶問題集 初級編・中級編、
Ｊｒ・ウォッチャー19「お話の記憶」

問題43 分野：行動観察

〈準 備〉 １辺30cm程度の大きさの布製の積み木を複数個用意し、形ごとに分けておく
前もって、お城や乗りものなどの形を見本として用意しておく

〈問 題〉 **この問題の絵はありません。**
（３人のグループを２組作ります）
３人で力を合わせて、見本のように、積み木を積みましょう。
上手にできたグループが勝ちです。
（制限時間終了後、テスターが、上手にできた方を判定する）

〈時 間〉 40秒

〈解 答〉 省略

［2018年度出題］

学習のポイント

３人のグループを２組作り、集団遊びを行なう行動観察の課題です。形の異なる布製の積み木を、グループで話し合いながら見本と同じ形に積み上げる作業を行います。解答時間が短く、相談のための時間は充分とはいえません。また、ゲームの終わりにテスターが勝ち負けを宣言することで、競争の要素も取り入れられています。慌ててしまい、グループ内での意思疎通が上手くできないことが考えられます。そのため、指示をきちんと聞き取り、忘れずに遵守できるかや、勝ち負けにこだわってルールを破ったりしないか、ほかのお友だちと協調して作業を進められるかなどが観点と思われます。ふだんの遊びや、お友だちとの交流の中で、協調性や、規範意識が身に付いているかを注意してください。当校では、「入学までに大切にしてほしい８つのこと」を掲げていますが、その１つに「友だちにやさしい声かけをしたり手伝ったりする」という項目があります。こうした積極的にお友だちの力になろうとする態度を自然と発揮できれば、高評価につながるでしょう。

【おすすめ問題集】

Ｊｒ・ウォッチャー29「行動観察」

問題44　分野：運動

〈準備〉　高さ1.5mくらいの位置に的になる赤い円を付けたボード、
平均台（テニスボールくらいの大きさのボールの絵を等間隔に貼り付けておく）

〈問題〉　**この問題は絵を参考にしてください。**
①赤い線よりも後ろからボールを的に当て、ワンバウンドしてキャッチしてください。「やめ」というまで続けてください。
②平均台の上を、ボールの絵を踏みながら渡ってください。
落ちたら、その場所からもう一度始めてください。

〈時間〉　適宜

〈解答〉　省略

［2018年度出題］

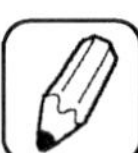

学習のポイント

運動の課題です。ボールを的に当て、はね返ってきたボールをワンバウンドでキャッチする、印を踏みながら平均台を渡るという２つの課題で、前年と同様です。特に高い運動能力が必要とされるわけではなく、この課題のために特別な練習や対策は必要ないでしょう。日頃外で遊ぶなどして、年齢相応の運動能力が備わっていれば問題ありません。しかし、バウンドしたボールを上手くキャッチすることができなかったり、平均台から落ちてしまったりした時に、そこであきらめてしまうことがないようにしてください。やり直しが認められていることからも、最後まで粘り強く取り組むことのできるかという点もチェックされていると考えられます。お子さまの成功を大いに褒めてあげること、失敗してもあきらめないことをふだんの生活の中で心がけ、実行してください。お子さまは自信を持ってチャレンジすることがきるようになります。

【おすすめ問題集】

Ｊｒ・ウォッチャー29「行動観察」、28「運動」

問題２９

①

②

③

問題３０

問題３ １－１

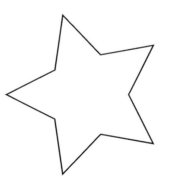

〈おてほん〉

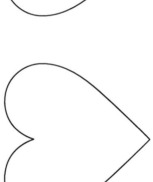

問題32－2

　

日本学習図書株式会社

問題３４

①

②

③

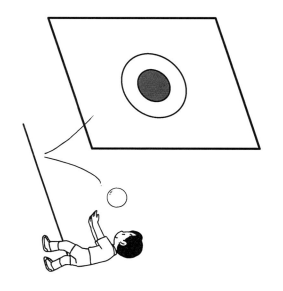

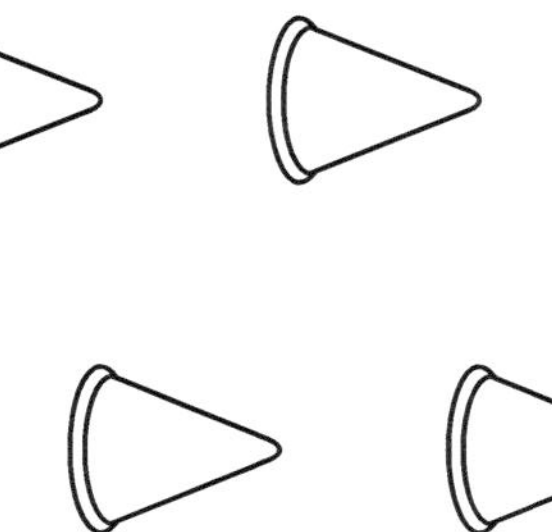

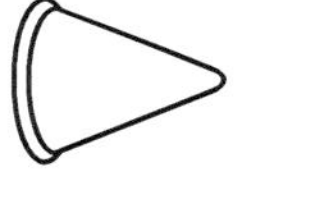

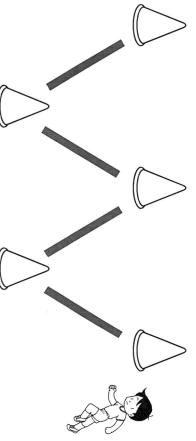

問題３５

問題36

問題３７－１

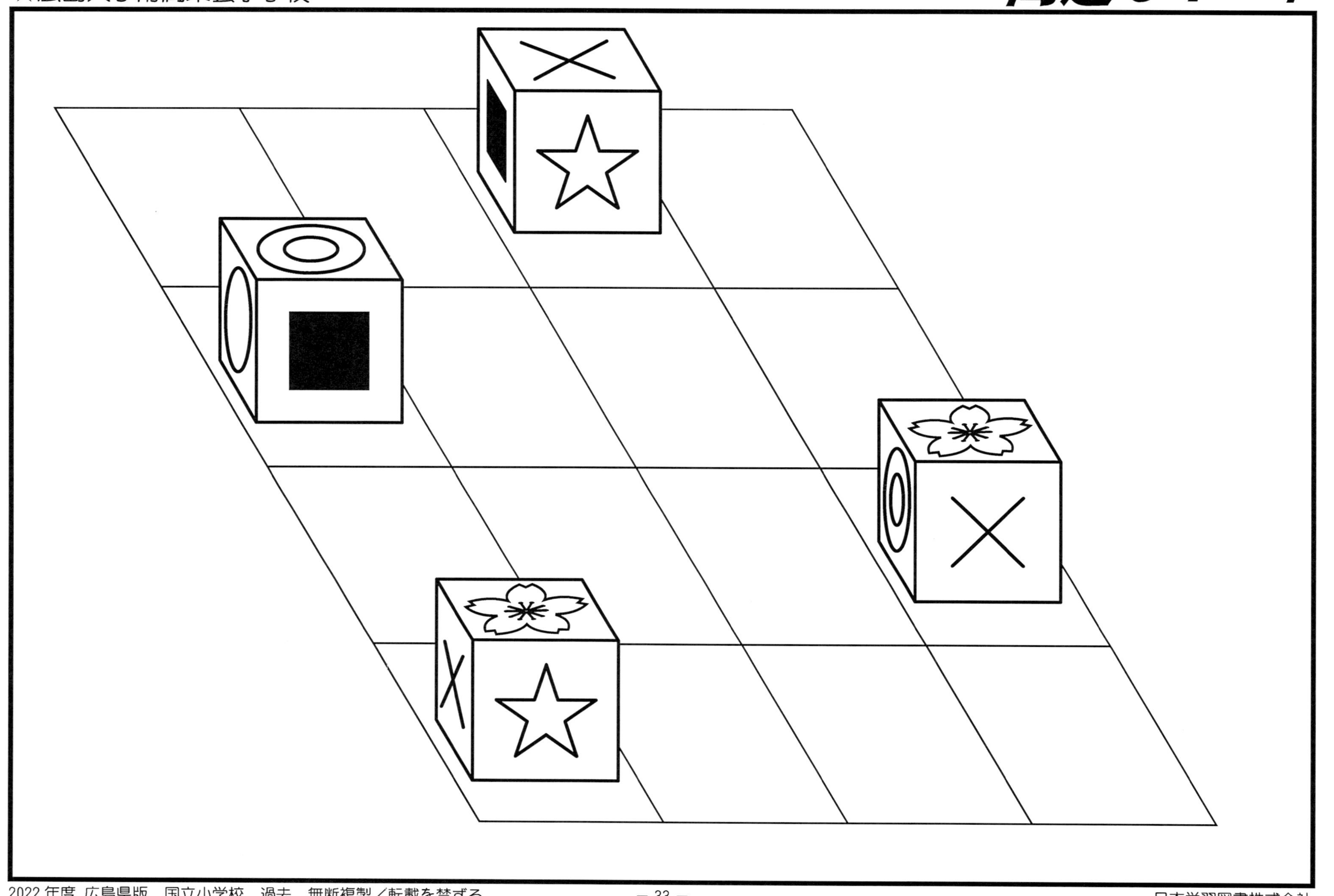

問題37－2

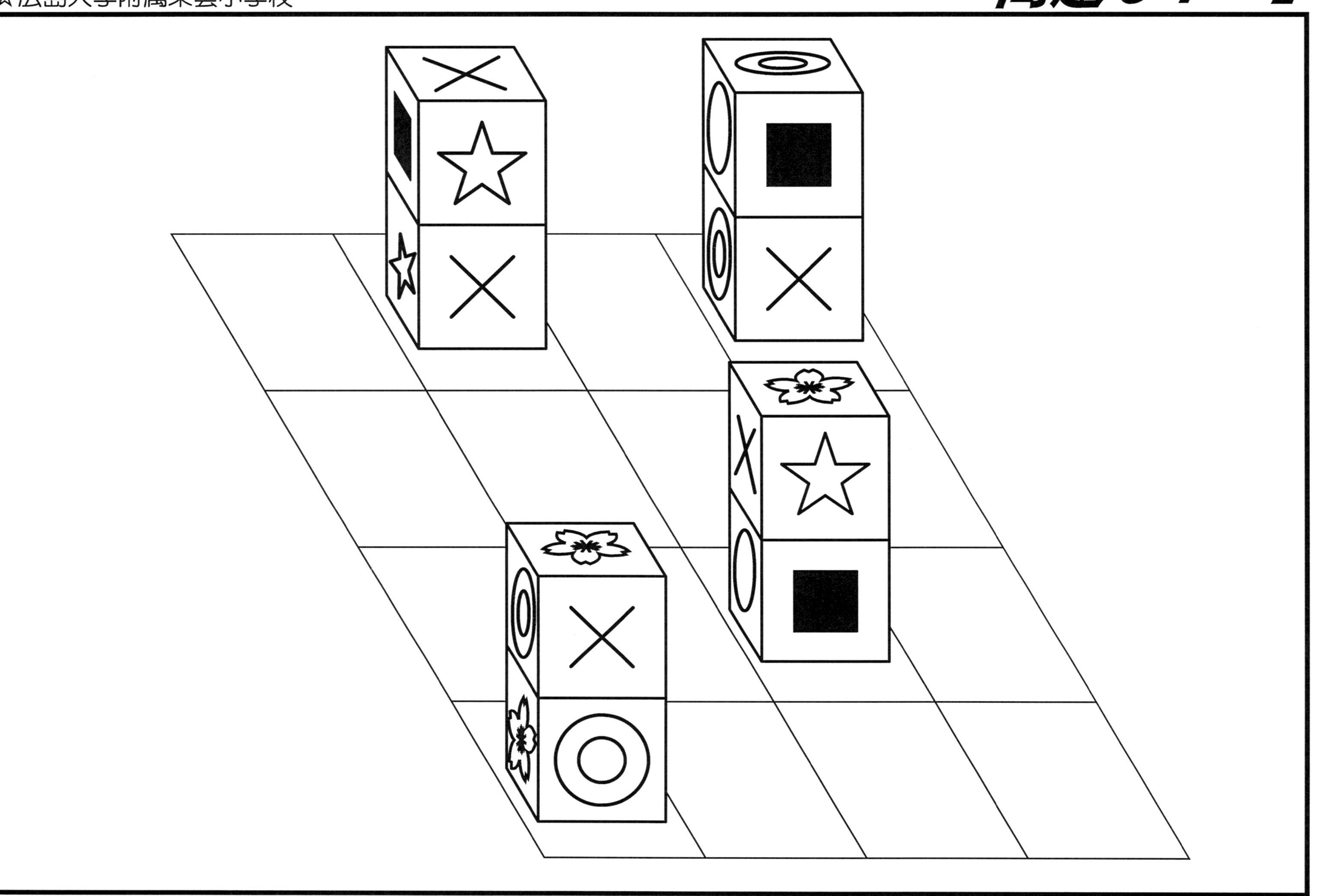

日本学習図書株式会社

問題３７－３

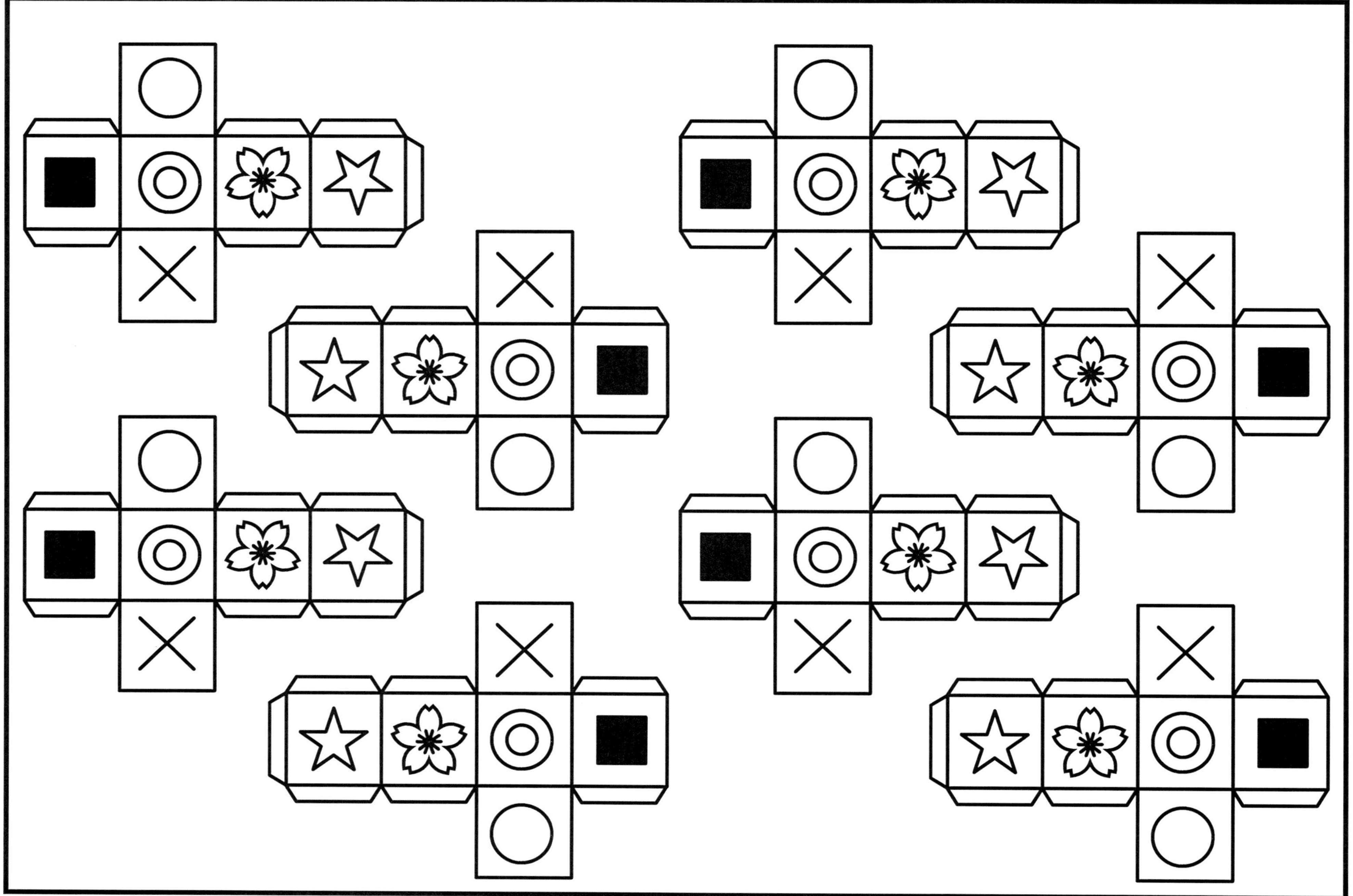

日本学習図書株式会社

問題３７－４

問題３８

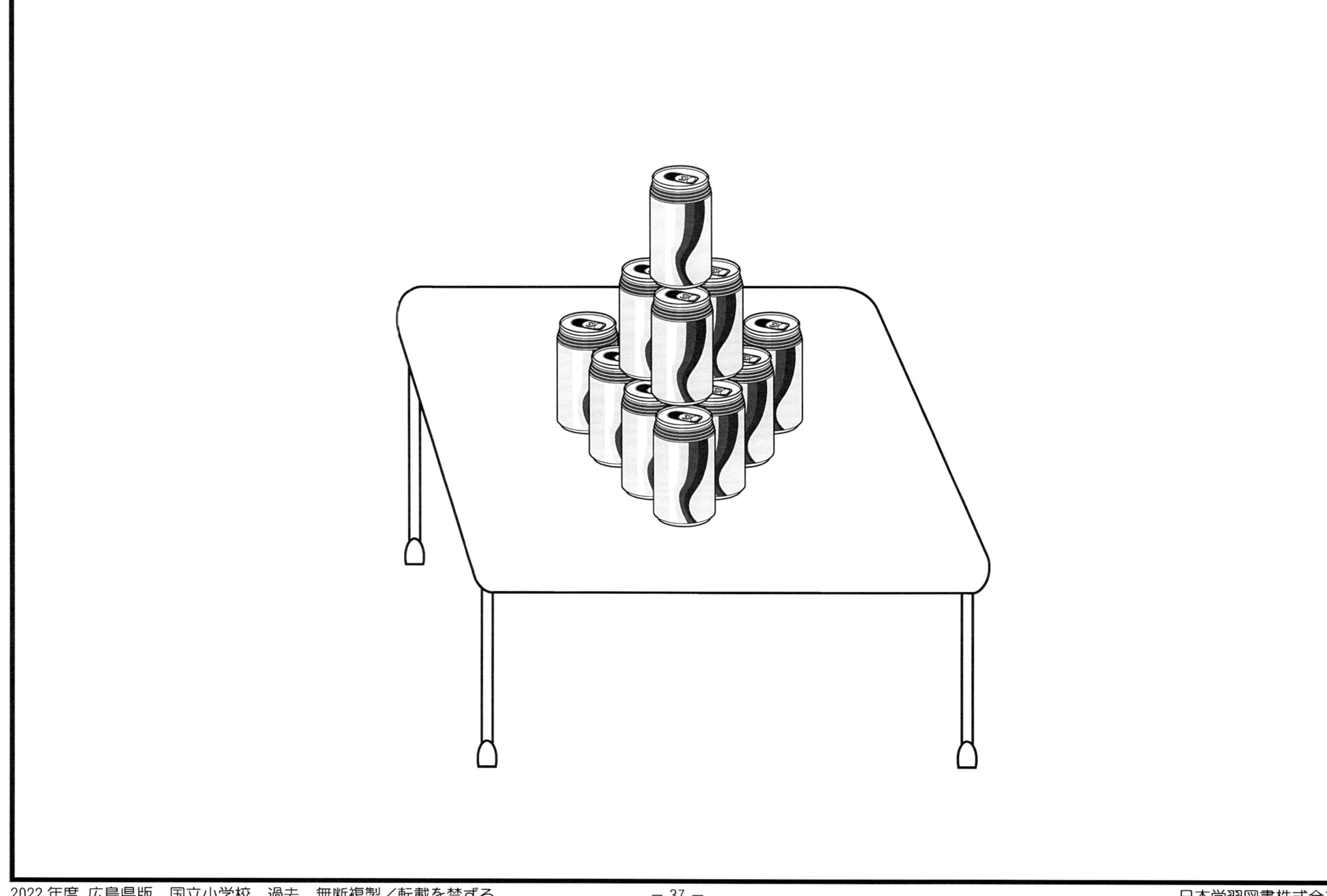

☆広島大学附属東雲小学校

問題３９

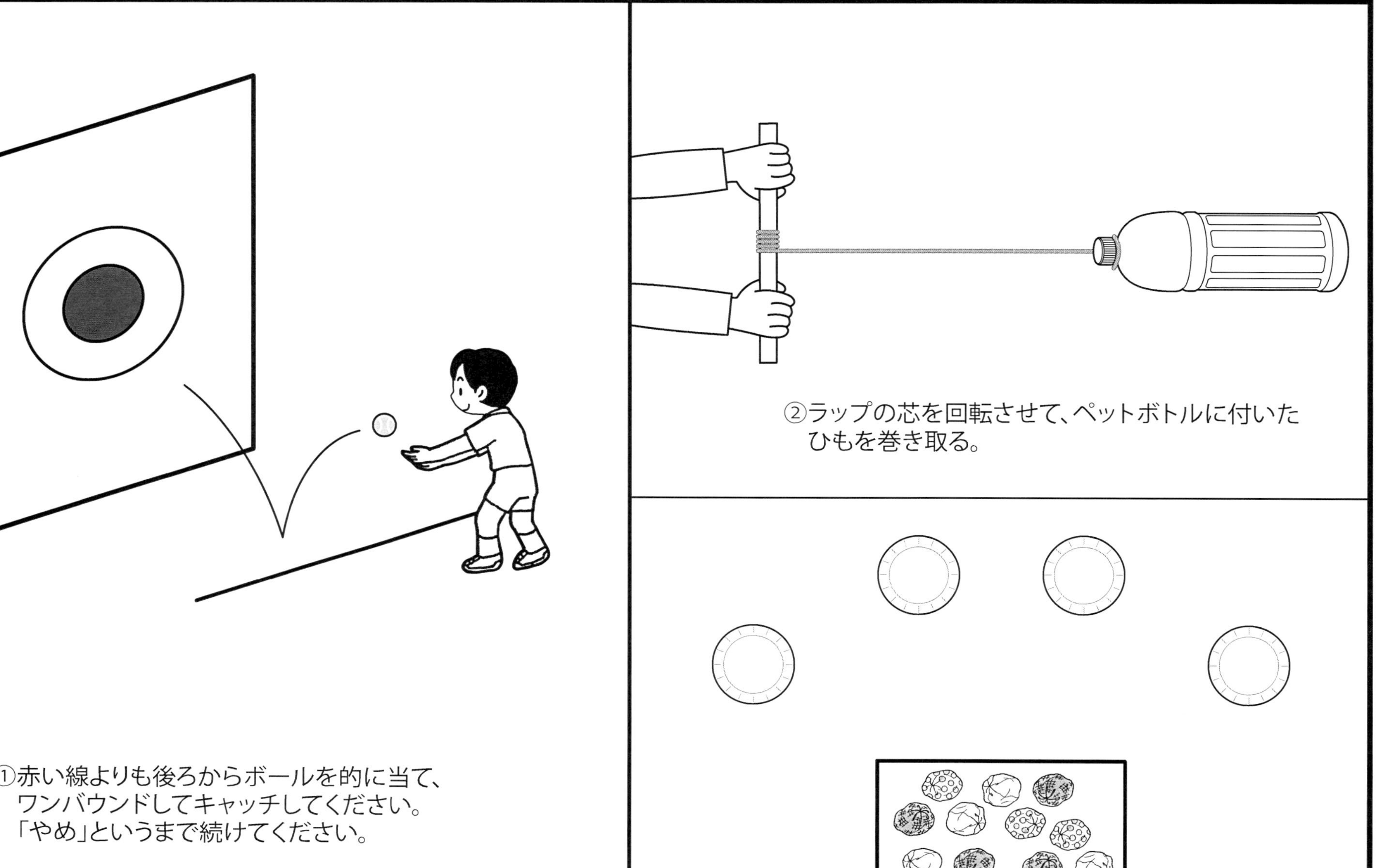

①赤い線よりも後ろからボールを的に当て、
ワンバウンドしてキャッチしてください。
「やめ」というまで続けてください。

②ラップの芯を回転させて、ペットボトルに付いた
ひもを巻き取る。

③先生のお手本通りに、お手玉を皿の上に置く。

問題４１

問題４２

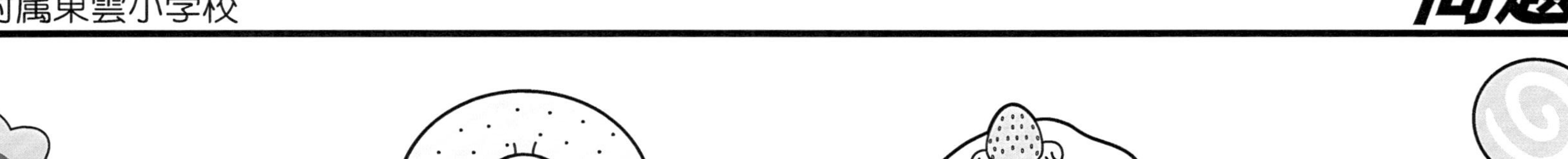

①

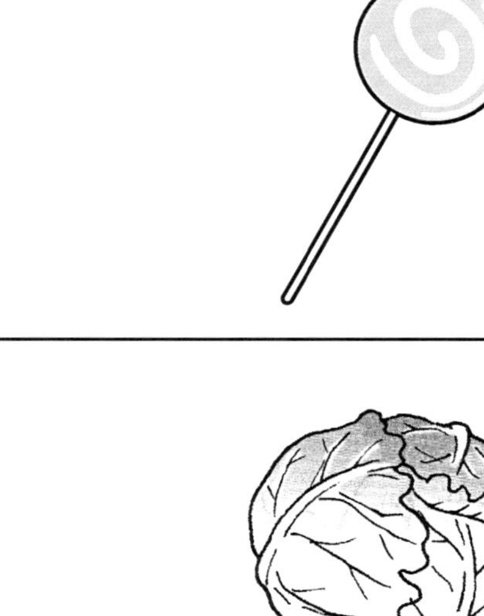

②

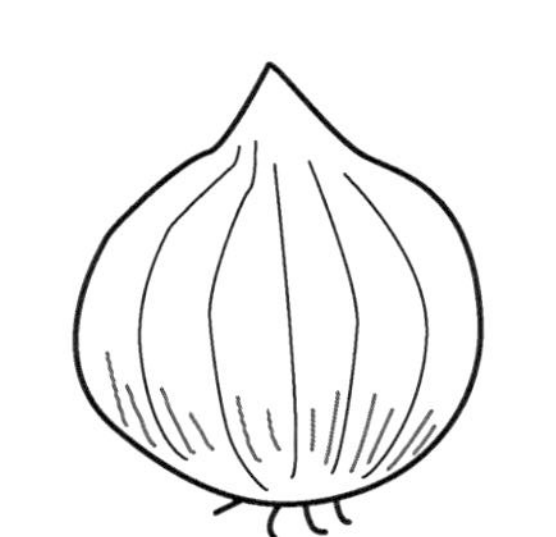

③

④

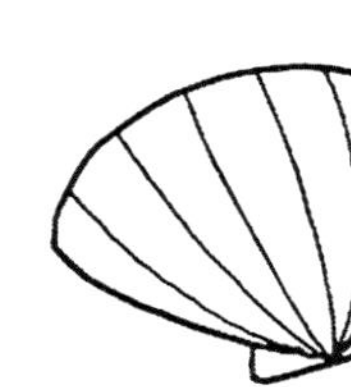

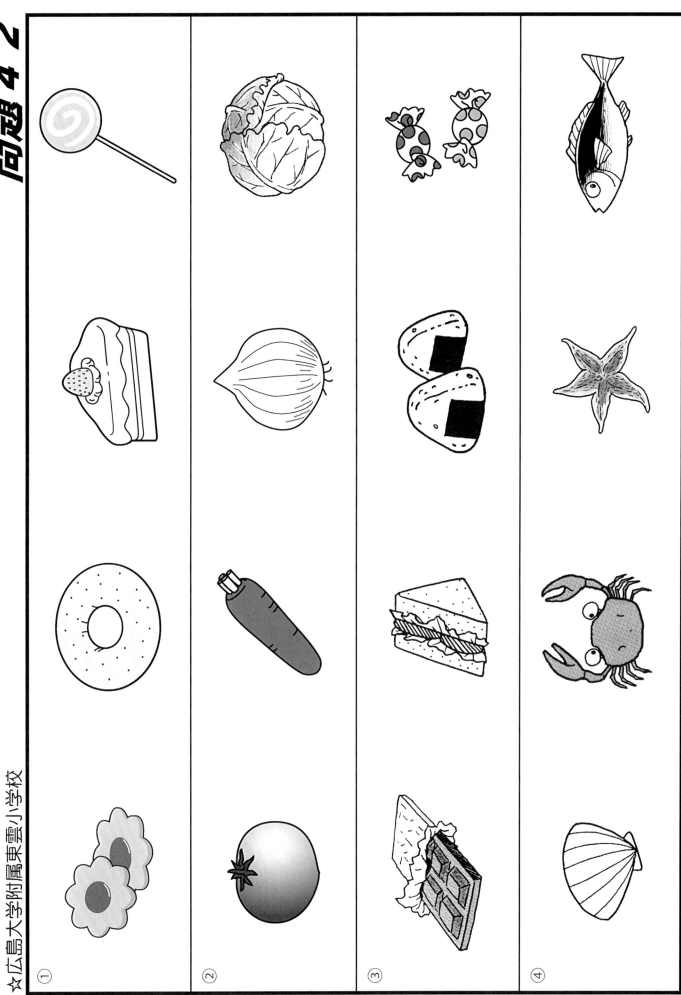

☆広島大学附属東雲小学校

問題４２

①赤い線よりも後ろからボールを的に当て、
ワンバウンドしてキャッチしてください。
「やめ」というまで続けてください。

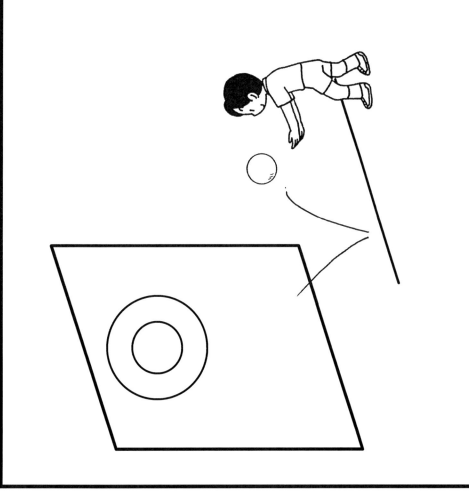

②平均台の上を、設置されたボールの絵を踏みながら渡ってください。
落ちたら、その場所からもう一度始めてください。

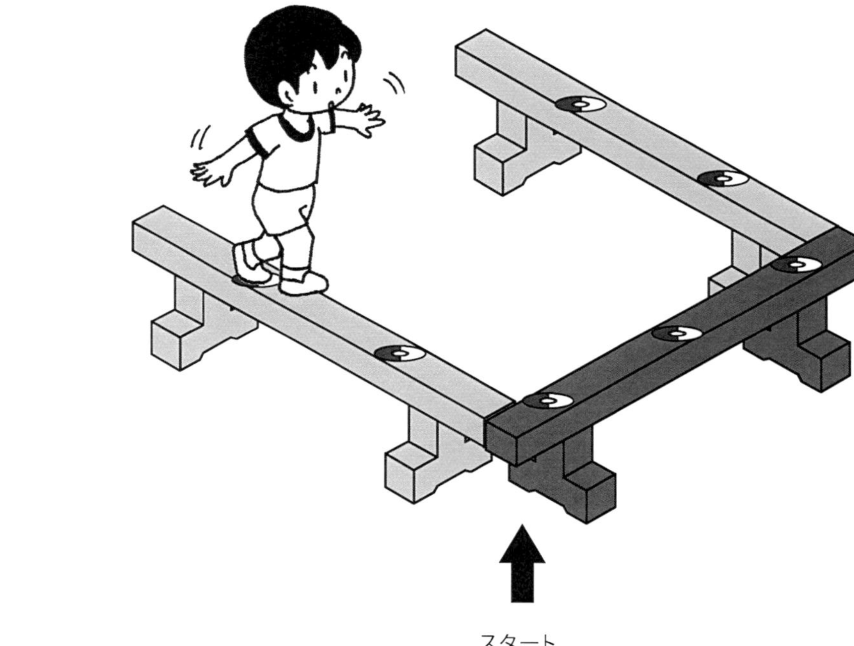

広島大学附属東雲小学校　専用注文書

年　月　日

合格のための問題集ベスト・セレクション

＊入試頻出分野ベスト３

1st　お話の記憶
集中力　聞く力　知識

2nd　行動観察
聞く力　協調性

3rd　運　動
聞く力　集中力

ペーパーテストは例年、お話の記憶のみの出題です。行動観察では、生活に密着した課題が中心になります。やるべきことはそれほど多くないので、どの課題も確実にできるようにしておきましょう。

分野	書　名	価格(税抜)	注文	分野	書　名	価格(税抜)	注文
常識	Ｊｒ・ウォッチャー 12「日常生活」	1,500 円	冊		お話の記憶問題集 初級編	2,600 円	冊
記憶	Ｊｒ・ウォッチャー 19「お話の記憶」	1,500 円	冊		お話の記憶問題集 中級編	2,000 円	冊
巧緻性	Ｊｒ・ウォッチャー 25「生活巧緻性」	1,500 円	冊		お話の記憶問題集 上級編	2,000 円	冊
運動	Ｊｒ・ウォッチャー 28「運動」	1,500 円	冊		1話5分の読み聞かせお話集①②	1,800 円	各　冊
行動観察	Ｊｒ・ウォッチャー 29「行動観察」	1,500 円	冊		新 個別テスト・口頭試問問題集	2,500 円	冊
行動観察	Ｊｒ・ウォッチャー 30「生活習慣」	1,500 円	冊		新 運動テスト問題集	2,200 円	冊

合計	冊	円

(フリガナ) 氏　名	電　話 ＦＡＸ E-mail
住 所　〒　　　－	以前にご注文されたことはございますか。 有　・　無

★お近くの書店、または記載の電話・FAX・ホームページにてご注文をお受けしております。
電話：03-5261-8951　FAX：03-5261-8953　代金は書籍合計金額＋送料がかかります。
※なお、落丁・乱丁以外の理由による商品の返品・交換には応じかねます。

★ご記入頂いた個人に関する情報は、当社にて厳重に管理致します。なお、ご購入の商品発送の他に、当社発行の書籍案内、書籍に関する調査に使用させて頂く場合がございますので、予めご了承ください。

日本学習図書株式会社
http://www.nichigaku.jp

分野別 小学入試練習帳 ジュニアウォッチャー

1．点・線図形	小学校入試で出題頻度の高い『点・線図形』の模写を、難易度の低いものから段階別に幅広く練習することができるように構成。
2．座標	図形の位置模写という作業を、難易度の低いものから段階別に練習できるように構成。
3．パズル	様々なパズルの問題を難易度の低いものから段階別に練習できるように構成。
4．同図形探し	小学校入試で出題頻度の高い、同図形選びの問題を繰り返し練習できるように構成。
5．回転・展開	図形などを回転、または展開したとき、形がどのように変化するかを学習し、理解を深められるように構成。
6．系列	数、図形などの様々な系列問題を、難易度の低いものから段階別に練習できるように構成。
7．迷路	迷路の問題を繰り返し練習できるように構成。
8．対称	対称に関する問題を4つのテーマに分類し、各テーマごとに問題を段階別に練習できるように構成。
9．合成	図形の合成に関する問題を、難易度の低いものから段階別に練習できるように構成。
10. 四方からの観察	もの（立体）を様々な角度から見て、どのように見えるかを推理する問題を段階別に整理し、1つの形式で複数の問題を練習できるように構成。
11. いろいろな仲間	ものや動物、植物の共通点を見つけ、分類していく問題を中心に構成。
12. 日常生活	日常生活における様々な問題を6つのテーマに分類し、各テーマごとに一つの問題形式で複数の問題を練習できるように構成。
13. 時間の流れ	『時間』に着目し、様々なものごとは、時間が経過するとどのように変化するのかということを学習し、理解できるように構成。
14. 数える	様々なものを『数える』ことから、数の多少の判定やかけ算、わり算の基礎までを練習できるように構成。
15. 比較	比較に関する問題を5つのテーマ（数、高さ、長さ、量、重さ）に分類し、各テーマごとに問題を段階別に練習できるように構成。
16. 積み木	数える対象を積み木に限定した問題集。
17. 言葉の音遊び	言葉の音に関する問題を5つのテーマに分類し、各テーマごとに問題を段階別に練習できるように構成。
18. いろいろな言葉	表現力をより豊かにするいろいろな言葉として、擬態語や擬声語、同音異義語、反意語、数詞を取り上げた問題集。
19. お話の記憶	お話を聴いてその内容を記憶、理解し、設問に答える形式の問題集。
20. 見る記憶・聴く記憶	「見て憶える」「聴いて憶える」という『記憶』分野に特化した問題集。
21. お話作り	いくつかの絵を元にしてお話を作る練習をして、想像力を養うことができるように構成。
22. 想像画	描かれてある形や景色に好きな絵を描くことにより、想像力を養うことができるように構成。
23. 切る・貼る・塗る	小学校入試で出題頻度の高い、はさみやのりなどを用いた巧緻性の問題を繰り返し練習できるように構成。
24・絵画	小学校入試で出題頻度の高い、お絵かきやぬり絵などクレヨンやクーピーペンを用いた巧緻性の問題を繰り返し練習できるように構成。
25. 生活巧緻性	小学校入試で出題頻度の高い日常生活の様々な場面における巧緻性の問題集。
26. 文字・数字	ひらがなの清音、濁音、拗音、拗長音、促音と1～20までの数字に焦点を絞り、練習できるように構成。
27. 理科	小学校入試で出題頻度が高くなりつつある理科の問題を集めた問題集。
28. 運動	出題頻度の高い運動問題を種目別に分けて構成。
29. 行動観察	項目ごとに問題提起をし、「このような時はどうか、あるいはどう対処するのか」の観点から問いかける形式の問題集。
30. 生活習慣	学校から家庭に提起された問題と思って、一問一問絵を見ながら話し合い、考える形式の問題集。
31. 推理思考	数、量、言語、常識（含理科、一般）など、諸々のジャンルから問題を構成し、近年の小学校入試問題傾向に沿って構成。
32. ブラックボックス	箱や筒の中を通ると、どのようなお約束でどのように変化するかを推理・思考する問題集。
33. シーソー	重さの違うものをシーソーに乗せた時どちらに傾くのか、またどうすればシーソーは釣り合うのかを思考する基礎的な問題集。
34. 季節	様々な行事や植物などを季節別に分類できるように知識をつける問題集。
35. 重ね図形	小学校入試で頻繁に出題されている「図形を重ね合わせてできる形」についての問題を集めました。
36. 同数発見	様々な物を数え「同じ数」を発見し、数の多少の判断や数の認識の基礎を学べるように構成した問題集。
37. 選んで数える	数の学習の基本となる、いろいろなものの数を正しく数える学習を行う問題集。
38. たし算・ひき算1	数字を使わず、たし算とひき算の基礎を身につけるための問題集。
39. たし算・ひき算2	数字を使わず、たし算とひき算の基礎を身につけるための問題集。
40. 数を分ける	数を等しく分ける問題です。等しく分けたときに余りが出るものもあります。
41. 数の構成	ある数がどのような数で構成されているか学んでいきます。
42. 一対多の対応	一対一の対応から、一対多の対応まで、かけ算の考え方の基礎学習を行います。
43. 数のやりとり	あげたり、もらったり、数の変化をしっかりと学びます。
44. 見えない数	指定された条件から数を導き出します。
45. 図形分割	図形の分割に関する問題集。パズルや合成の分野にも通じる様々な問題を集めました。
46. 回転図形	「回転図形」に関する問題集。やさしい問題から始め、いくつかの代表的なパターンから、段階を踏んで学習できるよう編集されています。
47. 座標の移動	「マス目の指示通りに移動する問題」と「指示された数だけ移動する問題」を収録。
48. 鏡図形	鏡で左右反転させた時の見え方を考えます。平面図形から立体図形、文字、絵まで。
49. しりとり	すべての学習の基礎となる「言葉」を学ぶこと、特に「語彙」を増やすことに重点をおき、さまざまなタイプの「しりとり」問題を集めました。
50. 観覧車	観覧車やメリーゴーラウンドなどを舞台にした「回転系列」の問題集。「推理思考」分野の問題ですが、要素として「図形」や「数量」も含みます。
51. 運筆①	鉛筆の持ち方を学び、点線なぞり、お手本を見ながらの模写で、線を引く練習をします。
52. 運筆②	運筆①からさらに発展し、「欠所補完」や「迷路」などを楽しみながら、より複雑な鉛筆運びを習得することを目指します。
53. 四方からの観察 積み木編	積み木を使用した「四方からの観察」に関する問題を練習できるように構成。
54. 図形の構成	見本の図形がどのような部分によって形づくられているかを考えます。
55. 理科②	理科的知識に関する問題を集中して練習する「常識」分野の問題集。
56. マナーとルール	道路や駅、公共の場でのマナー、安全や衛生に関する常識を学べるように構成。
57. 置き換え	さまざまな具体的・抽象的事象を記号で表す「置き換え」の問題を扱います。
58. 比較②	長さ・高さ・体積・数などを数学的な知識を使わず、論理的に推測する「比較」の問題を練習できるように構成。
59. 欠所補完	線と線のつながり、欠けた絵に当てはまるものなどを求める「欠所補完」に取り組める問題集です。
60. 言葉の音（おん）	しりとり、決まった順番の音をつなげるなど、「言葉の音」に関する問題に取り組める練習問題集です。

◆◆ニチガクのおすすめ問題集◆◆

より充実した家庭学習を目指し、ニチガクではさまざまな問題集をとりそろえております!!

ジュニアウォッチャー（既刊 60 巻）

①〜⑥⓪（以下続刊）
本体各￥1,500 ＋税

入試出題頻度の高い 9 分野を、さらに 60 の項目に細分化した問題集が出来ました。
苦手分野におけるつまずきを効率よく克服するための 60 冊となっており、小学校受験における基礎学習にぴったりの問題集です。ポイントが絞られているため、無駄なく学習を進められる、まさに小学校受験問題集の入門編です。

国立・私立 NEW ウォッチャーズ

言語 / 理科 / 図形 / 記憶
常識 / 数量 / 推理
各 2 巻・全 14 巻
本体各￥2,000 ＋税

シリーズ累計発行部数 40 万部以上を誇る大ベストセラー「ウォッチャーズシリーズ」の趣旨を引き継ぐ新シリーズができました！
こちらは国立・私立それぞれの出題傾向に合わせた分野別問題集です。全問「解答のポイント」「ミシン目」付き、切り離し可能なプリント学習タイプで家庭学習におすすめです！

まいにちウォッチャーズ（全 16 巻）

導入編 / 練習編
実践編 / 応用編　各 4 巻
本体各￥2,000 ＋税

シリーズ累計発行部数 40 万部以上を誇る大ベストセラー「ウォッチャーズシリーズ」の趣旨を引き継ぐ新シリーズができました！
こちらは、お子さまの学習進度に合わせ、全分野を網羅できる総合問題集です。全問「解答のポイント」「ミシン目」付き、切り離し可能なプリント学習タイプで家庭学習におすすめです！

実践 ゆびさきトレーニング①・②・③

①・②・③　全 3 巻
本体　各￥2,500 ＋税

制作問題に特化した問題集ができました。
有名校が実際に出題した問題を分析し、類題を各 35 問ずつ掲載しています。様々な道具の扱い方（はさみ・のり・セロハンテープの使い方）から、手先・指先の訓練（ちぎる・貼る・塗る・切る・結ぶ）、表現することの楽しさも学習することができる問題集です。

お話の記憶問題集

初級編
本体￥2,600 ＋税
中級編 / 上級編
本体各￥2,000 ＋税

「お話の記憶」分野の問題集ができました。
あらゆる学習に不可欠な、語彙力・集中力・記憶力・理解力・想像力を養うと言われているのが「お話の記憶」という分野です。難易度別に収録されていますので、まずは初級編、慣れてきたら中級編・上級編と学習を進められます。

分野別 苦手克服シリーズ（全 6 巻）

図形 / 数量 / 言語
常識 / 記憶 / 推理
本体各￥2,000 ＋税

お子さまの苦手を克服する問題集ができました。
アンケートに基づき、多くのお子さまが苦手とする数量・図形・言語・常識・記憶の 6 分野を、それぞれ問題集にまとめました。全問アドバイス付きですので、ご家庭において、そのつまづきを解消するためのプロセスも理解できます。

運動テスト・ノンペーパーテスト問題集

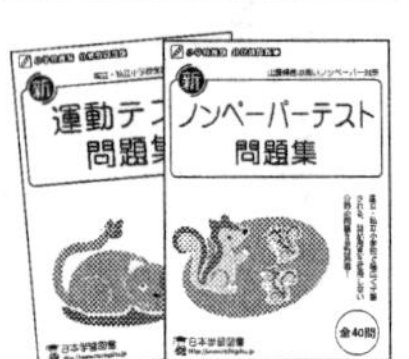

新 運動テスト問題集
本体￥2,200 ＋税

新 ノンペーパーテスト問題集
本体￥2,600 ＋税

ノンペーパーテストは国立・私立小学校で幅広く出題される、筆記用具を使用しない分野の問題を全 40 問掲載しています。
運動テスト問題集は運動分野に特化した問題集です。指示の理解や、ルールを守る訓練など、ポイントを押さえた学習に最適。全 35 問掲載。

口頭試問・面接テスト問題集

新 口頭試問・個別テスト問題集
本体￥2,500 ＋税

面接テスト問題集
本体￥2,000 ＋税

口頭試問は主に個別テストとして口頭で出題解答を行うテスト形式、面接は主に「考え」やふだんの「あり方」をたずねられるものです。
口頭で答える点は同じですが、内容は大きく異なります。想定する質問内容や答え方の幅を広げるために、どちらも手にとっていただきたい問題集です。

小学校受験 厳選難問集　①・②

①・②・③　全 3 巻
本体各￥2,600 ＋税

実際に出題された入試問題の中から、難易度の高い問題をピックアップし、アレンジした問題集です。応用問題への挑戦は、基礎の理解度を測るだけでなく、お子さまの達成感・知的好奇心を触発します。
①は数量・図形・推理・言語、②は位置・常識・比較・記憶分野を掲載しています。各 40 問。

国立小学校　入試問題総集編

A・B・C（全 3 巻）
本体各￥3,282 ＋税

国立小学校頻出の問題を厳選して収録した問題集です。細かな指導方法やアドバイスが掲載してあり、効率的な学習が進められます。
難易度別の収録となっており、お子さまの学習進度に合わせて利用できます。付録のレーダーチャートにより得意・不得意を認識でき、国立小学校受験対策に最適な総合問題集です。

おうちでチャレンジ　①・②

①・②　全 2 巻
本体　各￥1,800 ＋税

関西最大級の模擬試験『小学校受験標準テスト』ペーパー問題を編集した、実力養成に最適な問題集です。延べ受験者数 10,000 人以上のデータを分析し、お子さまの習熟度・到達度を一目で判別できるようになっています。
保護者必読の特別アドバイス収録！学習習熟度を測るためにも、定期的に活用したい一冊です。

Q & A シリーズ

『小学校受験で知っておくべき 125 のこと』
『新 小学校受験の入試面接Ｑ＆Ａ』
『新 小学校受験 願書・アンケート文例集 500』

本体各￥2,600 ＋税

「知りたい！」「聞きたい！」
「こんな時どうすれば…？」
そんな疑問や悩みにお答えする、当社で人気の保護者向け書籍です。受験を考え始めた保護者の方や、実際に入試の出願・面接などを控えている直前の保護者の方など、さまざまな場面で参考にしていただける書籍となっています。

書籍についてのご注文・お問い合わせ
☎ 03-5261-8951

http://www.nichigaku.jp
※ご注文方法、書籍についての詳細は、Web サイトをご覧ください。

日本学習図書　検索

『読み聞かせ』×『質問』＝『聞く力』

お話の記憶の練習に最適

1話5分の 読み聞かせお話集①②

「アラビアン・ナイト」「アンデルセン童話」「イソップ寓話」「グリム童話」、日本や各国の民話、昔話、偉人伝の中から、教育的な物語や、過去に小学校入試でも出題された有名なお話を中心に掲載。お話ごとに、内容に関連したお子さまへの質問も掲載しています。「読み聞かせ」を通して、お子さまの『聞く力』を伸ばすことを目指します。

①巻・②巻　各48話

1話7分の読み聞かせお話集 入試実践編①

最長1,700文字の長文のお話を掲載。有名でない＝「聞いたことのない」お話を聞くことで、『集中力』のアップを目指します。設問も、実際の試験を意識した設問としています。ペーパーテスト実施校の多くが「お話の記憶」の問題を出題します。毎日の「読み聞かせ」と「試験に出る質問」で、「解答のポイント」をつかんで臨みましょう！

50話収録

ニチガクの この5冊で受験準備も万全！

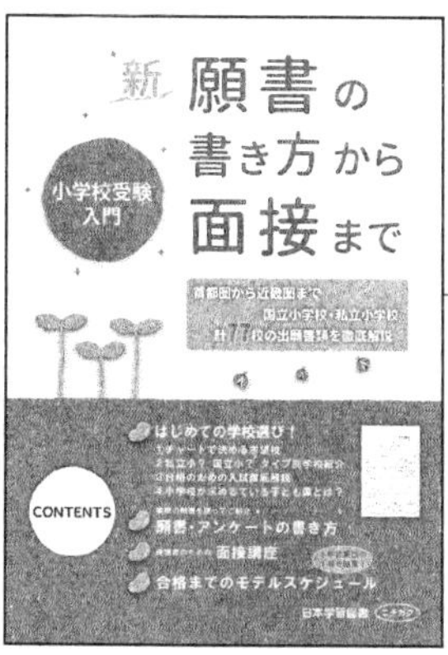

小学校受験入門 願書の書き方から面接まで　リニューアル版

主要私立・国立小学校の願書・面接内容を中心に、学校選びや入試の分野傾向、服装コーディネート、持ち物リストなども網羅し、受験準備全体をサポートします。

小学校受験で 知っておくべき 125のこと

小学校受験の基本から怪しい「ウワサ」まで、保護者の方々からの125の質問にていねいに解答。目からウロコのお受験本。

新　小学校受験の 入試面接Q＆A　リニューアル版

過去十数年に遡り、面接での質問内容を網羅。小学校別、父親・母親・志願者別、さらに学校のこと・志望動機・お子さまについてなど分野ごとに模範解答例やアドバイスを掲載。

新　願書・アンケート 文例集500　リニューアル版

有名私立小、難関国立小の願書やアンケートに記入するための適切な文例を、質問の項目別に収録。合格を掴むためのヒントが満載！願書を書く前に、ぜひ一度お読みください。

小学校受験に関する 保護者の悩みQ＆A

保護者の方約1,000人に、学習・生活・躾に関する悩みや問題を取材。その中から厳選した200例以上の悩みに、「ふだんの生活」と「入試直前」のアドバイス2本立てで悩みを解決。

日本学習図書株式会社

図書カード 1000 円分プレゼント

ご記入日　　　年　月　日

☆国・私立小学校受験アンケート☆

※可能な範囲でご記入下さい。選択肢は○で囲んで下さい。

〈小学校名〉＿＿＿＿＿＿＿＿＿＿　〈お子さまの性別〉男・女　〈誕生月〉＿＿月

〈その他の受験校〉（複数回答可）＿＿＿＿＿＿＿＿＿＿＿＿＿＿＿＿

〈受験日〉①：＿月＿日〈時間〉＿時＿分　～　＿時＿分

②：＿月＿日〈時間〉＿時＿分　～　＿時＿分

〈受験者数〉男女計＿名（男子＿名　女子＿名）

〈お子さまの服装〉＿＿＿＿＿＿＿＿＿＿

〈入試全体の流れ〉（記入例）準備体操→行動観察→ペーパーテスト

＿＿＿＿＿＿＿＿＿＿＿＿＿＿＿＿＿＿

Eメールによる情報提供

日本学習図書では、Eメールでも入試情報を募集しております。

下記のアドレスに、アンケートの内容をご入力の上、メールをお送り下さい。

ojuken@nichigaku.jp

●行動観察　（例）好きなおもちゃで遊ぶ・グループで協力するゲームなど

〈実施日〉＿月＿日〈時間〉＿時＿分　～　＿時＿分〈着替え〉□有　□無

〈出題方法〉□肉声　□録音　□その他（　　　　）〈お手本〉□有　□無

〈試験形態〉□個別　□集団（　　人程度）　〈会場図〉

〈内容〉

□自由遊び

＿＿＿＿＿＿＿＿＿＿

□グループ活動

＿＿＿＿＿＿＿＿＿＿

□その他

＿＿＿＿＿＿＿＿＿＿

●運動テスト（有・無）　（例）跳び箱・チームでの競争など

〈実施日〉＿月＿日〈時間〉＿時＿分　～　＿時＿分〈着替え〉□有　□無

〈出題方法〉□肉声　□録音　□その他（　　　　）〈お手本〉□有　□無

〈試験形態〉□個別　□集団（　　人程度）　〈会場図〉

〈内容〉

□サーキット運動

□走り　□跳び箱　□平均台　□ゴム跳び

□マット運動　□ボール運動　□なわ跳び

□クマ歩き

□グループ活動＿＿＿＿＿＿＿＿＿＿

□その他＿＿＿＿＿＿＿＿＿＿

●知能テスト・口頭試問

〈実施日〉＿＿月＿＿日 〈時間〉＿＿時＿＿分 ～ ＿＿時＿＿分 〈お手本〉□有 □無

〈出題方法〉 □肉声 □録音 □その他（　　　　　） 〈問題数〉＿＿枚 ＿＿問

分野	方法	内　容	詳　細・イ　ラ　ス　ト
（例） お話の記憶	☑筆記 □口頭	動物たちが待ち合わせをする話	（あらすじ） 動物たちが待ち合わせをした。最初にウサギさんが来た。次にイヌくんが、その次にネコさんが来た。最後にタヌキくんが来た。 （問題・イラスト） ３番目に来た動物は誰か
お話の記憶	□筆記 □口頭		（あらすじ） （問題・イラスト）
図形	□筆記 □口頭		
言語	□筆記 □口頭		
常識	□筆記 □口頭		
数量	□筆記 □口頭		
推理	□筆記 □口頭		
その他	□筆記 □口頭		

●制作　(例) ぬり絵・お絵かき・工作遊びなど

〈実施日〉＿月＿日〈時間〉＿時＿分～＿時＿分

〈出題方法〉□肉声 □録音 □その他（　　　）〈お手本〉□有 □無

〈試験形態〉□個別 □集団（　　人程度）

材料・道具	制作内容
□ハサミ □のり（□つぼ □液体 □スティック） □セロハンテープ □鉛筆 □クレヨン（　色） □クーピーペン（　色） □サインペン（　色）□ □画用紙（□ A4 □ B4 □ A3 □その他：　　） □折り紙 □新聞紙 □粘土 □その他（　　）	□切る □貼る □塗る □ちぎる □結ぶ □描く □その他（　　） タイトル：＿＿＿＿

●面接

〈実施日〉＿月＿日〈時間〉＿時＿分～＿時＿分〈面接担当者〉＿名

〈試験形態〉□志願者のみ（　）名 □保護者のみ □親子同時 □親子別々

〈質問内容〉

□志望動機　□お子さまの様子

□家庭の教育方針

□志望校についての知識・理解

□その他（　　　）

（詳　細）

・

・

・

・

※試験会場の様子をご記入下さい。

●保護者作文・アンケートの提出（有・無）

〈提出日〉□面接直前　□出願時　□志願者考査中　□その他（　　　）

〈下書き〉□有　□無

〈アンケート内容〉

（記入例）当校を志望した理由はなんですか（150 字）

●説明会（□有　□無）〈開催日〉＿＿月＿＿日〈時間〉＿＿時＿＿分＿～＿＿時＿＿分

〈上履き〉□要　□不要　〈願書配布〉□有　□無　〈校舎見学〉□有　□無

〈ご感想〉

●参加された学校行事（複数回答可）

公開授業〈開催日〉＿＿月＿＿日〈時間〉＿＿時＿＿分＿～＿＿時＿＿分

運動会など〈開催日〉＿＿月＿＿日〈時間〉＿＿時＿＿分＿～＿＿時＿＿分

学習発表会・音楽会など〈開催日〉＿＿月＿＿日〈時間〉＿＿時＿＿分＿～＿＿時＿＿分

〈ご感想〉

※是非参加したほうがよいと感じた行事について

●受験を終えてのご感想、今後受験される方へのアドバイス

※対策学習（重点的に学習しておいた方がよい分野）、当日準備しておいたほうがよい物など

＊＊＊＊＊＊＊＊＊＊＊＊＊　ご記入ありがとうございました　＊＊＊＊＊＊＊＊＊＊＊＊＊

必要事項をご記入の上、ポストにご投函ください。

なお、本アンケートの送付期限は入試終了後３ヶ月とさせていただきます。また、入試に関する情報の記入量が当社の基準に満たない場合、謝礼の送付ができないことがございます。あらかじめご了承ください。

ご住所：〒＿＿＿＿＿＿＿＿＿＿＿＿＿＿＿＿＿＿＿＿

お名前：＿＿＿＿＿＿＿＿＿＿　メール：＿＿＿＿＿＿＿＿＿＿

ＴＥＬ：＿＿＿＿＿＿＿＿＿＿　ＦＡＸ：＿＿＿＿＿＿＿＿＿＿

アンケートのご記入ありがとうございました

ご記入頂いた個人に関する情報は、当社にて厳重に管理致します。弊社の個人情報取り扱いに関する詳細は、www.nichigaku.jp/policy.php の「個人情報の取り扱い」をご覧下さい。

家庭学習をトータルサポート！ ニチガクのオリジナル 効果的 学習法

1 まずは アドバイスページを読む！

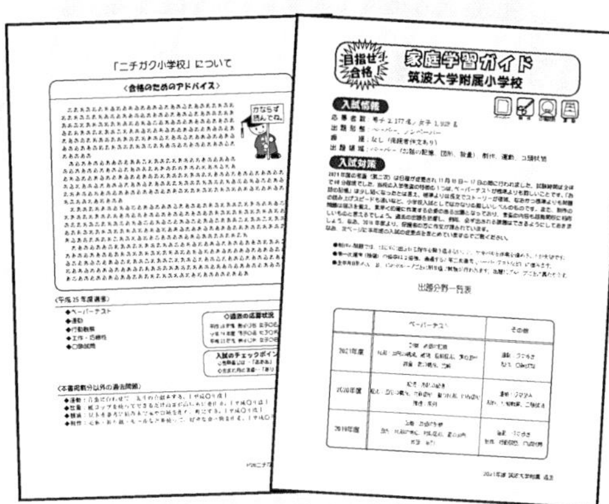

ピンク色です

対策や試験ポイントがぎっしりつまった「家庭学習ガイド」。分野アイコンで、試験の傾向をおさえよう！

過去問のこだわり

最新問題は問題ページ、イラストページ、解答・解説ページが独立しており、お子さまにすぐに取り掛かっていただける作りになっています。
ニチガクの学校別問題集ならではの、学習法を含めたアドバイスを利用して効率のよい家庭学習を進めてください。

2 問題をすべて読み、出題傾向を把握する

3 「学習のポイント」で学校側の観点や問題の解説を熟読

4 はじめて過去問題にチャレンジ！

5 プラスα 対策問題集や類題で力を付ける

各問題のジャンル

問題7 分野：図形（図形の構成） Aグループ男子

〈解答〉 下図参照

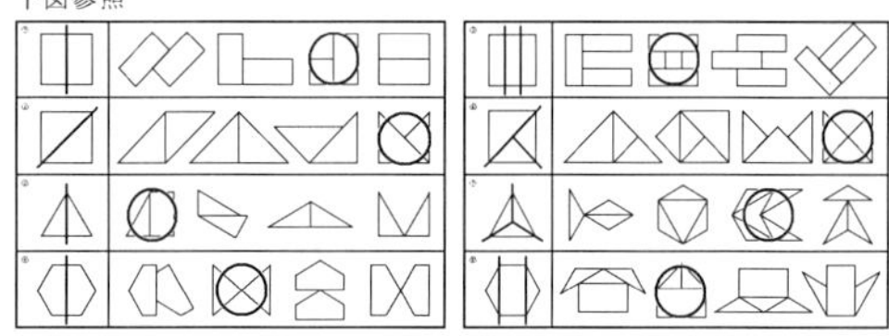

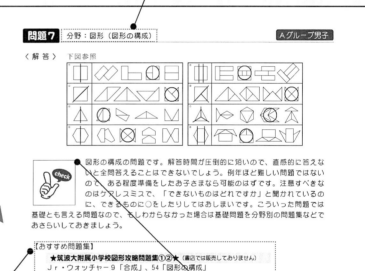

図形の構成の問題です。解答時間が圧倒的に短いので、直感的に答えないと全問答えることはできないでしょう。例年ほど難しい問題ではないので、ある程度準備をしたお子さまなら可能のはずです。注意すべきなのはケアレスミスで、「できないものはどれですか」と聞かれているのに、できるものに○をしたりしてはおしまいです。こういった問題では基礎とも言える問題なので、もしわからなかった場合は基礎問題を分野別の問題集などでおさらいしておきましょう。

【おすすめ問題集】
★筑波大附属小学校図形攻略問題集①②★（書店では販売しておりません）
Jr・ウォッチャー9「合成」、54「図形の構成」

学習のポイント

各問題の解説や学校の観点、指導のポイントなどを教えます。
今日から保護者の方が家庭学習の先生に！

おすすめ対策問題集

分野ごとに対策問題集をご紹介。苦手分野の克服に最適です！
＊専用注文書付き。

2022年度版
広島県版 国立小学校 過去問題集

発行日 2021年6月11日
発行所 〒162-0821 東京都新宿区津久戸町 3-11
TH1ビル飯田橋 9F 日本学習図書株式会社
電 話 03-5261-8951 ㈹